ERZGEBIRGE
VOGTLAND

ERZGEBIRGE VOGTLAND
DIE 99 BESONDEREN SEITEN DER REGION

entdeckt von Göran Seyfarth

mitteldeutscher verlag

Inhaltsverzeichnis

Das große Besondere
1 August-Horch-Museum 9
2 Erzgebirgische Holzkunst 13 **3** Sächsisches Industriemuseum Chemnitz 17 **4** Chemnitzer City 21 **5** Kulinarische Genüsse 25

Das Besondere
6 Sommerpalais im Greizer Park 29
7 Der Sachsenring 31 **8** Musikinstrumenten-Museum Markneukirchen 33 **9** Besucherbergwerk Zinnkammern Pöhla 35 **10** Kuren in Bad Schlema 37 **11** Die Geraer Höhlen 39 **12** Nudelmacher in Riesa 41 **13** Eislaufen in Aue 43 **14** Schauwerkstatt „Zum Weihrichkarzl" 45 **15** Henry van de Velde 47 **16** Skiarena Eibenstock 49 **17** Otto-Dix-Haus Gera 51 **18** Zwickauer Dom 53 **19** Freizeitpark Plohn 55 **20** Landwirtschaftsmuseum Schloss Blankenhain 57 **21** Gasthaus „Zur alten Schule" Klingenthal 59 **22** Vogtland Arena Klingenthal 61 **23** Badegärten Eibenstock 63 **24** Terra Mineralia Freiberg 65 **25** Jüdisches Restaurant „Schalom" Chemnitz 67 **26** Besucherbergwerk Freiberg 69 **27** Strellers Restaurant Chemnitz 71 **28** Aussichtsturm auf dem Spiegelwald 73 **29** Freiberger Dom 75 **30** Biohotel Zeulenroda 77 **31** Flächendenkmal Kaßberg in Chemnitz 79 **32** Miniwelt Lichtenstein 81 **33** Traditionsverband Uranbergbau Bad Schlema 83 **34** Schloßchemnitz 85 **35** Um den Auersberg 87 **36** Johannisbad Zwickau 89 **37** „Neue Landschaft Ronneburg" 91 **38** Deutsch-deutsches Museum Mödlareuth 93 **39** Lama-Ranch Pobershau 95 **40** Sächsisches Eisenbahnmuseum Chemnitz 97 **41** Bio auf dem Guidohof 99 **42** Götzschtalbrücke 101 **43** Schloss Augustusburg 103

Das kleine Besondere
44 Theater Plauen-Zwickau 104
45 Daetz-Ausstellung Lichtenstein 105 **46** Bahn auf dem Kuhberg 106 **47** „Irrgarten der Sinne" Kohren-Salis 107 **48** Buchmuseum Burkhardtsdorf 108 **49** Priesterhäuser Zwickau 109 **50** Heyde-Keramik Jahnsdorf 110 **51** Stau-

weiher Greifenbach **111**   52 „Skatstadt" Altenburg   **112**
53 „Kräuterdorf" Bockau   **113**   54 Residenzschloss Altenburg   **114**   55 Malzhaus Plauen   **115**   56 Luftsport in der Region   **116**   57 Gasthaus „Villa Theodor"   **117**   58 „Gläserner Globus"   **118**   59 Kids Arena Marienberg   **119**   60 Ballonfahrten in Reichenbach   **120**   61 Greizer Park   **121**   62 Felsendome Rabenstein   **122**   63 Kammweg Geising–Blankenstein   **123**   64 Kräuterwanderung im Zechengrund   **124**   65 Museumsbahn Schönheide   **125**   66 Nummernschildmuseum Großolbersdorf   **126**   67 Zughotel Wolkenstein   **127**   68 Erich-Ohser-Haus Plauen   **128**   69 Wernesgrüner Brauerei   **129**   70 Rathaus Gera   **130**   71 St. Annenkirche Annaberg-Buchholz   **131**   72 Naturtheater Greifensteine   **132**   73 Altes Rathaus Plauen   **133**   74 Sonnenlandpark Lichtenau   **134**   75 Der Schneckenstein   **135**   76 Pferdegöpel Lauta   **136**   77 Heck-Art-Haus Chemnitz   **137**   78 Hochmoor „Kleiner Kranichsee"   **138**   79 Köstritzer Schwarzbierbrauerei   **139**   80 Kurort Bad Elster   **140**   81 Muldentalradweg   **141**   82 Mexikanisch essen in Chemnitz   **142**   83 „Phaenomenia" Glauchau-Gesau   **143**   84 „Spielzeugdorf" Seiffen   **144**   85 Brühl Chemnitz   **145**   86 Altenburger Rathaus   **146**   87 Annaberger KÄT   **147**   88 „Lichtelfest" Schneeberg   **148**   89 Kunsthandwerk Björn Köhler   **149**   90 Raumfahrtausstellung Morgenröthe-Rautenkranz   **150**   91 Parkeisenbahnen der Region   **151**   92 Flugwelt Altenburg-Nobitz   **152**   93 Klein-Erzgebirge   **153**   94 Weinhaus und Hotel „Vinum" Niederwürschnitz   **154**   95 Karl-May-Haus Hohenstein-Ernstthal   **155**   96 Seilschwebebahn Oberwiesenthal   **156**   97 Radio Erzgebirge 107,7   **157**   98 Böhmisches Erzgebirge   **158**   99 Einkaufen in Potučky (Breitenbach)   **159**

Auf den zweiten Blick

Zugegeben, die großen Touristenströme ziehen häufig vorbei, die Topattraktionen fehlen. Die Region hat jahrhundertelang ihren Beitrag zum Glanz von Leipzig und Dresden geleistet, aber selbst nur wenig abbekommen. Einst hat der Bergbau einen gewissen Wohlstand beschert, das Erzgebirge wurde – heute unvorstellbar – zum Einwanderungsland. Später suchte man neue Einnahmequellen, die Blüte des Handwerks, vom Musikinstrumentenbau bis zu den Holzkunsterzeugnissen, begann. Noch später verhalf die Industrialisierung der Region zu einem neuen Aufschwung, zahlreiche Fabriken entstanden, die Textilbranche, der Maschinen- und nicht zuletzt der Fahrzeugbau brachten vielen Menschen Arbeit, aber nur den wenigsten Wohlstand. Jede Epoche hinterließ Spuren, die zum Entdecken, zum Staunen einladen. Grenzenlos staunen kann man hier, trennende Grenzen gibt es zum Glück nicht mehr. Erzgebirge und Vogtland nehmen Teile von Sachsen, Thüringen, Bayern und Böhmen ein. Dazu kommt – strenge Heimatforscher mögen es mir nachsehen –, dass ich hier manches Erlebenswerte erwähnt habe, das geografisch eigentlich gar nicht dazugehört. Auch wenn mancher Ort in Erzgebirge und Vogtland noch auf den Übergang ins 21. Jahrhundert wartet, wenn nicht wenige abwandern – auf den zweiten Blick begegnet man überall liebenswerten Menschen, die dem Landstrich zwischen Gera und dem Oberen Vogtland, zwischen Freiberg und dem Kohrener Land, zwischen Chemnitz und dem Fichtelberg zu seinem besonderen Charme verholfen haben. Nehmen wir uns Zeit für den zweiten Blick …

Traum unserer Großeltern: der Horch 480 Cabriolet

Vier Ringe

Die Region und ihre Automobilgeschichte: Weltbekannt war das Logo mit den vier ineinander verschlungenen Ringen. Vier Ringe symbolisieren die vier Firmen, die 1932 zur Auto-Union, dem zweitgrößten deutschen Automobilbauer, fusionierten. Ring Nr. 1 – Wanderer: Seit 1885 stellte man bei Winkelhofer & Jaenicke in Chemnitz Fahrräder her, der Markenname „Wanderer" wurde 1896 geschützt. Später verließen zusätzlich Motorräder und kurz darauf Automobile die Hallen. Wanderer-Autos galten als solide und zuverlässig, waren dementsprechend nicht ganz billig. Ring Nr. 2 – DKW: Jörgen Skafte Rasmussen, gebürtiger Däne, studierte am Technikum Mittweida und an der Ingenieurschule Zwickau, gründete anschließend eine eigene Firma in Chemnitz und stellte dort Zubehör für Dampfmaschinen her. Für wenig Geld kaufte er sich eine alte Textilfabrik in Zschopau und machte daraus ein Werk für Dampfkesselautomaten. Im Ersten Weltkrieg fertigte Rasmussen Dampfkraftwagen (DKW), 1918 schließlich Motorräder. Schon 1928 war DKW die weltgrößte Motorradfabrik. Ring Nr. 3 – Horch: August Horch, 1868 an der Mosel geboren, traf nach seiner Lehre als Schmied, seinem Studium in Mittweida und einigen weiteren Stationen 1896 in Mannheim auf Carl Benz. Dieser hatte nur zehn Jahre zuvor seinen berühmten ersten Motorwagen zum Patent angemeldet. Der junge Horch stieg bei Benz rasch zum Leiter der Motorwagenfertigung auf. Bald machten unterschiedliche Auffassungen die Zusammenarbeit unmöglich. August Horch wagte den Schritt in die Selbstständigkeit, gründete

August-Horch-Museum
Audistraße 7
08058 Zwickau
0375 2717380
www.horch-museum.de

Die vier Ringe erlebten Jahre später ihr Comeback auf Karossen aus Ingolstadt …

Nachgestellter Automesseauftritt in den 1930er-Jahren

1899 in Köln-Ehrenfeld eine eigene Firma. 1902 folgte der Umzug ins vogtländische Reichenbach und zwei Jahre später nach Zwickau. Im Jahre 1909 schied Horch infolge von Meinungsverschiedenheiten im Aufsichtsrat aus seiner eigenen Firma aus. Mit befreundeten Investoren gründete er ein paar Hundert Meter entfernt die Audi-Automobilwerke-GmbH – aufgrund eines Rechtsstreits mit seiner alten Firma wurde der Name „Horch" ins lateinische zu „Audi" übersetzt. Damit wären wir bei Ring Nr. 4 angelangt – Audi: Auch hier setzt der Unternehmer seine gesamte Kraft für die Weiterentwicklung der Automobile ein. Übrigens war in den 1920er-Jahren zeitweise Paul Daimler, der Sohn von Gottlieb Daimler, als Konstrukteur bei Audi tätig. August Horch war zur gleichen Zeit Kraftfahrzeug-Sachverständiger in Berlin, kehrte aber 1933 in den Vorstand der Auto-Union zurück. Nach dem Zweiten Weltkrieg flüchteten die Vorstandsmitglieder der Konzerns westwärts, die vier Ringe erlebten Jahre später ihr Comeback auf Karossen aus Ingolstadt und zieren noch heute die Fahrzeuge der Premiummarke aus dem VW-Konzern. In Sachsen bestimmten politische Willkürentscheidungen die Produktion an den alten Standorten. Motorräder kamen weiterhin aus Zschopau, die Lkw-Produktion lagerte man nach Werdau aus. In Zwickau fusionierten alle Werke am Ort zum VEB Automobilwerke Sachsenring, bald liefen ausschließlich Pkw Trabant über die Anlagen. Heute ist das 1990 gegründete VW-Werk am Rande Zwickaus, zusammen mit dem VW-Motorenwerk Chemnitz, ein bedeutender Baustein für die Wirtschaft der Region.

Als Selbstbedienung noch ein Fremdwort war

■ Filigrane Kunst aus schlichtem Holz

Im „Weihnachtsland"

In langen und schneereichen Wintern hat sich manche erzgebirgische Bergarbeiterfamilie einst das karge Einkommen durch kunstgewerbliche Tätigkeit aufgebessert. Im Raum Seiffen entstanden Anfang des 19. Jahrhunderts die ersten Nussknacker. Die Figuren mit dem Hebelmechanismus zum Öffnen der Nüsse tragen oft eine Uniform und schauen finster den Betrachter an – passend, denn sie symbolisieren meist den Vertreter einer Behörde. Etwa zur gleichen Zeit kam ebenfalls in Seiffen die Technik des Reifendrehens auf. Ein gedrechselter Holzring wird in „Scheiben" geschnitten, die Scheiben haben im Querschnitt die Form von Menschen, Tieren oder Gegenständen. Nach kurzer Bearbeitung mit dem Schnitzmesser ist die gewünschte Figur fertig. Dadurch können relativ hohe Stückzahlen wirtschaftlich gefertigt werden – nicht ganz unwichtig, da die Bergleute, die tagsüber in den Zinngruben schufteten, jedes zusätzliche Einkommen gebrauchen konnten. Anders in den vergleichsweise wohlhabenden Orten des Silberbergbaus, im Gebiet um Annaberg und Schneeberg hatte sich mehr das klassische Schnitzen durchgesetzt. In manchen Häusern wurden ganze Weihnachtsberge, das sind geschnitzte Darstellung religiöser Szenen, gefertigt und jedes Jahr aufgestellt. Mit der Erfindung des Paraffins um 1830 war es möglich, Kerzen preiswert herzustellen. Über ein Flügelrad durch aufsteigende Kerzenwärme angetriebene Pyramiden erlebten einen Boom. Räuchermännchen schauen in die geschmückten Räume, während sie weihnachtlichen Duft verbreiten. In den Fenstern

Rodewischer Weihnachtsschau (Dez.–Feb.)
Museum Göltzsch auf der Rodewischer Schlossinsel
Schlossstraße 2
08228 Rodewisch
03744 33186
www.rodewisch.de

Traditionen sollen nicht erstarren, neue Generationen finden ihren eigenen Stil …

■ Hier in Miniatur, vielerorts live – weihnachtlicher Bergaufzug

stehen Schwibbogen, gefertigt bis ins vorige Jahrhundert hinein vorwiegend aus Metall, danach zunehmend aus Holz. Häufig werden darauf zwei Bergleute, ein Schnitzer und eine Klöpplerin dargestellt, aber auch religiöse weihnachtliche Motive sind verbreitet. Eine Verbindung zwischen kirchlichen und montanen Motiven stellen auch die Lichterfiguren Engel und Bergmann mit jeweils zwei Kerzen in der Hand dar. Ja, es wurde damals viel gewerkelt in den Stuben des Erzgebirges. Während die Männer sich bevorzugt der Holzkunst widmeten, brachten flinke Frauenhände Meisterwerke der Spitzenklöppelei zustande. Bemerkenswert ist dabei, jeder Ort, jeder Winkel des Erzgebirges hat seine stilistische Eigenheit, jede kunsthandwerkliche Werkstatt bringt unverwechselbare Erzeugnisse auf den Markt – und daran hat sich bis heute nichts geändert. Vieles wird liebevoll bewahrt, doch auch in der Region können neue Einflüsse nicht aufgehalten werden. Auch auf den erzgebirgischen Weihnachtsmärkten werden Figuren asiatischen Ursprungs verkauft und Lichterketten amerikanischen Stils bringen modernen Glanz in alte Dörfer. Einzelne Kunsthandwerksbetriebe gehen bereits erfolgreich zeitgemäße Wege. Traditionen sollen nicht erstarren, neue Generationen finden ihren eigenen Stil, ohne dabei ihre Wurzeln zu vergessen. Weihnachten ist individuell, Weihnachten ist erlaubt, was gefällt, moralische Maßstäbe haben schon einst die Väter der erzgebirgischen Volkskunst hinter Kreativität, Zeitgeist und Schönheit zurückgestellt. Und dabei sind schließlich bewundernswerte Dinge entstanden …

In Wohnzimmern klein und auf Weihnachtsmärkten groß: die Pyramide

Antrieb einer ganzen Ära: die Dampfmaschine

Die Werkbank Sachsens

3

Eine Flaniermeile war die Zwickauer Straße in Chemnitz um das Jahr 1870 herum wohl eher nicht. Entlang der neuen Eisenbahnlinie Dresden–Zwickau schossen Fabriken wie Pilze aus dem Boden. Dampfmaschinenlärm drang aus den Ziegelhallen, der Rauch zahlreicher Schornsteine überzog alles mit einem Grauschleier. In der Stadt zur Zeit der industriellen Revolution fanden an den Ausfallstraßen Textilwerke ihren Platz neben Maschinenbaufirmen, viele Betriebe hatten allerdings nur ein kurzes Leben, fusionierten mit anderen oder wechselten den Standort. Den Eisengießereien Hugo Schreiter und Moritz Rockstroh erging es nicht anders. Seit dem 19. Jahrhundert durchlebten die Firmen eine wechselvolle Geschichte, die letzten Gussteile verließen 1982 die damals „volkseigenen" Hallen in der Zwickauer Straße 119. Im Gegensatz zu vielen anderen Industriebrachen kamen hier keine Abrissbirnen zum Einsatz – heute bietet das Industriemuseum im Haus einen Überblick über die Historie und Gegenwart der Industrie der Region. Steht man an der Dampfmaschine aus der Hugo-Schreiter-Gießerei vor historischer Wandmalerei, wird die goldene Ära der Industrialisierung wieder lebendig. Chemnitz als Standort des Fahrzeugbaus gestern und heute ist ebenso Thema wie Maschinenbau und Lokomotivbau. Die Dampflokomotiven der Firma Hartmann waren überall auf Europas Schienen unterwegs, ein paar leisten heute noch treue Dienste – teils museal, teils in Entwicklungsländern. Kurios: Die Lokomotivbauer hatten jahrzehntelang nicht einmal einen eigenen Gleisanschluss

Sächsisches Industriemuseum
Industriemuseum Chemnitz
Zwickauer Straße 119
09112 Chemnitz
0371 3676140
www.saechsisches-industriemuseum.de

„Was in Chemnitz erarbeitet wird, wird in Leipzig gehandelt und in Dresden verprasst."

■ Erinnerungen an das goldene Zeitalter der Zweiradfertigung …

und mussten per Pferdestärke durch die Straßen der Stadt geschleppt werden. Ortswechsel: In Crimmitschau an der Pleiße entstanden edle Wollstoffe in den Hallen der Tuchfabrik Gebrüder Pfau. Die Textilindustrie brachte lange Zeit der Region Arbeit und Wohlstand. In manchen Firmen entlang der Verkehrswege im gesamten westsächsischen Raum wurde gestickt, gewebt oder gestrickt. Ob in Crimmitschau, Chemnitz oder Plauen – die Erzeugnisse gingen in alle Welt. In den Räumen der Tuchfabrik Gebrüder Pfau sieht es allerdings heute noch so aus, als wäre Werner Pfau nur mal kurz außer Haus, das Sächsische Industriemuseum hat die Fabrik in der Leipziger Straße 125 in Crimmitschau originalgetreu erhalten. Ehemaliges Personal führt die 1990 stillgelegten Anlagen vor – eine eindrucksvolle Zeitreise. Vieles wäre noch zu erwähnen, die Region hatte manche Innovation hervorgebracht – ob Büromaschinen aus den Wanderer-

Werken oder Waschmittel aus der Böhme-Fettchemie. Wer durch das Erzgebirge und das Vogtland reist, sieht überdurchschnittlich viele Fabrikhallen, teils leer stehend und verfallend, teils noch in Betrieb, teils aber auch neu entstanden. Manche Geschichte dazu erzählen die Ausstellungen des Industriemuseums Chemnitz, zum Beispiel von Johann Zimmermann, dem Begründer des Maschinenbaus, der sich auch mit den sozialen Folgen für die Arbeiter beschäftigte. „Was in Chemnitz erarbeitet wird, wird in Leipzig gehandelt und in Dresden verprasst", spottet ein Spruch aus der Zeit der Monarchie – das Werkbank-Image hat die Region schon damals erhalten.

… und der Textilindustrie in der Region

■ War nie hier, wurde aber in Bronze verewigt: Karl Marx

Die verbaute City

Das Stadtzentrum von Chemnitz gehört nicht unbedingt zu den schönsten in Deutschland. Und doch hat das sich hier ständig verändernde Unvollendete eine Anziehungskraft. Am Ende des Krieges glichen große Teile der Innenstadt einer Trümmerwüste, Tausende Menschen hatten ihr Leben verloren. Nur wenige Wochen nach den schweren Angriffen vom 5. März 1945 begannen die Einwohner, die Trümmerberge zu beseitigen, der Wille zur Wiederherstellung ihrer Stadt mobilisierte die Chemnitzer. Ein Wettbewerb wurde gestartet, aus den eingegangenen Ideen entwickelte man ein Konzept, das im Prinzip auf dem Grundriss der Vorkriegszeit basierte, aber einige Verbesserungen vorsah. Beengte „Mietskasernen" sollten schließlich der Vergangenheit angehören. Nach Gründung der DDR kam alles anders, die Verantwortlichen wurden in die Sowjetunion zitiert. Die Regierungsdelegation zeigte sich beeindruckt von der sowjetischen Architektur, verabschiedete nach ihrer Rückkehr die „16 Grundsätze des Städtebaus". Das nationale Erbe, regionale Traditionen galt es zu berücksichtigen. In der Inneren Klosterstraße entstanden die ersten Neubauten, Wohnungen und Geschäfte wurden harmonisch neben das Rathaus eingefügt. Das Siegertsche Haus, ursprünglich 1741 fertiggestellt, wurde wiederhergerichtet, nur die Fassade hatte den Krieg überstanden. Doch Hoffnungen auf weitere Schritte in diese Richtung erwiesen sich als trügerisch. Die Aufbruchstimmung nach Stalins Tod erreichte auch die Bauindustrie, von nationalem Architekturerbe sprach bald keiner mehr – „gestalterische Disziplin", „verstärkte Industriali-

Chemnitz-Zentrum
09111 Chemnitz

Richtig vollendet wurde die Innenstadt damals nie.

■ Nur wenige Meter trennen das historische Chemnitz …

sierung" und „Steigerung der Produktivität" waren die Parolen. Der Rosenhof mit seiner Kombination aus Wohnungen und für ein Stadtzentrum typischem Handel entstand. Durch die Jahrzehnte zogen sich die Diskussionen über die Gestaltung des Zentrums hin. Von einem Aufmarschplatz und entsprechend breiten Zugangsstraßen war die Rede. Die Straße der Nationen wurde schon mal verbreitert, den neuen Betonklötzen in Plattenbauweise mussten nicht wenige noch intakte Altbauten weichen. 1971 war die halbe Stadt auf den Beinen, um an der Einweihung des Karl-Marx-Monuments des Russen Lew Kerbel teilzunehmen. Kurios, der dadurch gewürdigte Philosoph weilte niemals in der Stadt. Gegenüber entstand der damals auch international beachtete Komplex aus Hotel und Stadthalle, doch wieder mussten Altbauten weichen. Der vorgesehene Platz für Großveranstaltungen war damit endgültig zugebaut.

Richtig vollendet wurde die Innenstadt damals nie, um der Wohnungsknappheit entgegenzuwirken, konzentrierten die inzwischen zu Kombinaten zusammengefassten Kapazitäten im Bauwesen ihre Kräfte auf die Plattenbausiedlungen. Nach dem Ende der DDR war alles möglich, neue Konzepte wurden beraten. Neue Geschäftshäuser und Konsumtempel brachten etwas Weltstadt-Flair in die City, schlossen Lücken, lösten aber auch Diskussionen aus. Der Neumarkt schließlich wirkt endlich wieder wie ein Marktplatz. Ob die Bebauung gelungen ist, werden die Generationen nach uns entscheiden – einen Bummel ist die City von Chemnitz heute sowieso wert.

… vom Glas, Stahl und Beton der Moderne

Traditionell werden zum Sonntagsbraten Klöße serviert

Eine Region mit Geschmack

Einfach war das Leben im Erzgebirge nie. In den Jahren 1770 bis 1772 während einer Hungersnot begann man mit dem Anbau von Kartoffeln, die anspruchslose Knolle aus den Hochländern Lateinamerikas fand bald Eingang in die Küche. Klitscher, im Vogtland Bambes genannt (Kartoffelpuffer), gibt es in verschiedenen Varianten – gekochte oder rohe Kartoffeln werden gerieben, mit Ei gebunden, süß oder herzhaft gewürzt und als etwa handtellergroße Fladen beidseitig goldbraun in Fett gebacken. Als Beilage reicht man Zucker und Apfelmus, oder aber Fleisch und Pilze. Verwendet man ausschließlich gekochte Kartoffeln, vermengt diese mit etwas Salz und bäckt die Masse nur auf einer Seite, erhält man Rachemaad. Serviert wird die gebackene Seite nach oben. Buttermilchgetzen werden in einer gusseisernen Pfanne im Ofen gebacken und bestehen aus geriebenen rohen Kartoffeln und Buttermilch, abgeschmeckt meist mit Salz, Zwiebeln, Pfeffer und Kümmel. Die Heidelbeergetzen dagegen enthalten keine Kartoffeln, der Teig besteht aus Mehl, Eigelb, Milch, Salz und Zucker, darauf werden vor dem Backen Heidelbeeren verteilt. An Heiligabend stand traditionell in den Familien das Neinerlaa (Neunerlei) auf dem Tisch. Wichtig dabei ist die Anzahl, es müssen neun verschiedene Speisen sein, die Bestandteile können variieren. Jede Speise symbolisiert dabei einen Wunsch, zum Beispiel stehen Klöße für Geldsegen, Sauerkraut für das Wachstum des Getreides oder Sellerie für den Erhalt der Potenz. Das Jahr über kam einst auf den Tisch, was Feld, Wald und Stall hergaben. Pilze aus den Wäldern

Kulinarische Genüsse
An vielen Orten in Erzgebirge und Vogtland

> Das Jahr über kam einst auf den Tisch, was Feld, Wald und Stall hergaben.

■ Eroberte auch Vogtland und Erzgebirge: die Rostbratwurst

gab es als Beilage zu Klitschern oder als Schwammespalken. Spalken nennt man besonders im Vogtland Kartoffelstreifen, je nachdem, was sonst noch im Topf kocht, entstehen Eintopfgerichte wie Krautspalken, Möhrenspalken oder eben die mit Schwamme. Ein Klassiker am Sonntag war und ist – neben gelegentlichen Wildgerichten – der Sauerbraten. Von dem in einer Beize aus Essig und Gewürzen eingelegten Rindfleisch gibt es wohl so viele Rezepte wie Köchinnen und Köche. Das Schmorgericht ist manchmal sogar Gegenstand von Streitigkeiten und Wettbewerben. Als Beilage gibt es eine Variante Klöße. In Richtung Thüringen bevorzugt man eine Masse aus zwei Drittel rohen und einem Drittel gekochten Kartoffeln, weiter östlich verwendet man häufiger ausschließlich rohe Kartoffeln. Der Teig wird leicht gesalzen und in die Mitte der Klöße müssen Röstel (in Butter goldgelb gebratenen Weißbrotwürfel). Ein Symbol ist natürlich auch die Thüringer Rostbratwurst auf den überall glühenden Grills der Imbissverkäufer. Salz, Pfeffer, Kümmel, Majoran und Knoblauch sind dem Brät aus Schweinefleisch beigemischt, die genauen Rezepte sind natürlich streng gehütete Geheimnisse. Aus Schmölln im Altenburger Land stammt der Mutzbraten, mittlerweile wird er in der ganzen Region angeboten. Faustgroße Stücke meist vom Schweinenacken werden in Pfeffer, Salz und Majoran mariniert und dann in speziellen Geräten über Buchenholz gegart. Dazu reicht man Senf, Sauerkraut und Brot. Fazit: Man kennt eine Region eben erst, wenn man deren Küche erlebt hat!

Auf jedem Fest in Ostthüringen und Westsachsen: der Mutzbratengrill

▪ Am Rande des Greizer Parks: das Sommerpalais

▪ Glanzvoller Rahmen für Ausstellungen

Sommerresidenz der Heinrichs

„Eine Karikatur ist immer bloß einen Augenblick wahr", erkannte schon Christian Morgenstern. Dennoch lohnen viele Satirezeichnungen vor dem Vergessen bewahrt zu werden, sind sie doch oft ein lebendigerer Spiegel der Zeit als dicke Geschichtsbücher. Im vogtländischen Greiz gründeten Liebhaber das „Satiricum", eine Sammlung von Blättern deutschsprachiger Karikaturisten. Die Karikatur nimmt die herrschenden Verhältnisse aufs Korn, mal mit leiser Ironie, mal bissig und derb. In Zeiten der Monarchie und der Diktatur war das Zeichnen von Karikaturen immer ein Spiel mit den Grenzen der Zensur. Und so ist es fast schon Ironie der Geschichte, wenn die Spottzeichnungen in einem ehemals fürstlichen Prunkbau gezeigt werden. Das Sommerpalais am Rande des Parks, idyllisch am Ufer der Weißen Elster gelegen, diente einst als Sommerresidenz der Fürsten Reuß älterer Linie. Übrigens, die wechselvolle Historie der reußschen Fürsten würde allein ein eigenes Buch füllen. Im Sommerpalais sollte man aber noch die Büchersammlung bewundern. Diese wurde im Wesentlichen im 18. Jahrhundert vom Grafen Heinrich XI. zu Obergreiz (nicht verwechseln: alle männlichen Reußen trugen den Namen Heinrich) ins Leben gerufen. Zur Kupferstichsammlung gehören Tausende zeitgenössische Schlachtpläne und Landkarten, sowie – so viel blaublütige Geschichte muss noch sein – der Sammlernachlass von Prinzessin Elisabeth von Großbritannien, Irland und Hannover, Tochter von Georg III. Gründe genug, eine Ausstellung im Sommerpalais zu besuchen.

Staatliche Bücher- und Kupferstichsammlung
Sommerpalais im Greizer Park
07961 Greiz
03661 70580
www.sommerpalais-greiz.de

„Eine Karikatur ist immer bloß einen Augenblick wahr."

■ Am Rande der Rennstrecke in der Karthalle …

■ … kann jeder zum Rennfahrer werden

Im Rausch der Geschwindigkeit

7

Lang und wechselvoll ist die Geschichte des Sachsenrings. Am Himmelfahrtstag 1927 fand das erste „Badberg-Viereck-Rennen" statt, nachdem zwei Jahre zuvor Enthusiasten einen Motorradfahrerklub gegründet hatten – trotz kritischer Stimmen aus der Bevölkerung. Nach einer Pause – es gab zu viele Unfälle – wurde die Strecke in den 1930er-Jahren fester Bestandteil im internationalen Rennkalender. Auch nach dem Krieg organisierte man wieder Rennen, 1950 kamen zur gesamtdeutschen Motorradmeisterschaft etwa 400.000 Zuschauer. In den 1960er-Jahren Veranstaltungsort von Motorrad-WM-Läufen, beschränkte man sich in den folgenden Jahrzehnten auf Rennen mit Ostblock-Beteiligung. 1995 – der „alte" Sachsenring war fünf Jahre zuvor aus Sicherheitsgründen außer Betrieb gegangen – erfolgte mit der Gründung des Verkehrssicherheitszentrums Sachsenring der erste Schritt zur Wiederbelebung der traditionsreichen Strecke. Ein neuer Start-Ziel-Turm und ein modernes Pressezentrum wurden gebaut und nach und nach erhielt die Strecke, die an Rennwochenenden bis zu 200.000 Fans anzieht, ihr heutiges Profil. Doch nicht nur dann – das ganze Jahr gibt es viel zu erleben. Verschiedene Fahrsicherheitstrainings- und Programme sorgen für mehr Sicherheit und Routine im Umgang mit dem eigenen Auto; erfahrene Trainer zeigen den Umgang mit kritischen Situationen. Ein Event der anderen Art ist die Karthalle auf dem Gelände. Hier können heimliche Rennfahrer mal richtig Gummi geben und sich mit ihren Freunden messen. Ein Riesenspaß für Gruppen aller Art.

Fahrsicherheitszentrum Sachsenring
Am Sachsenring 2
09353 Oberlungwitz
03723 65330
www.sachsenring.de

1950 kamen zur gesamtdeutschen Motorradmeisterschaft etwa 400.000 Zuschauer.

- Eine Geige erfreut nicht nur das Ohr, sondern auch das Auge

Im „Musikwinkel"

Musikinstrumenten-Museum Markneukirchen
Bienengarten 2
08258 Markneukirchen
037422 2018
www.museum-markneukirchen.de

Es begann in Wien. Am 23. Mai 1829 erhielt der Orgel- und Klaviermacher Zyrill Demian ein Patent auf sein neu entwickeltes Instrument, welches er „Accordion" genannt hatte. Bald schon trat das Instrument seinen Siegeszug um die Welt an, Exemplare fanden ihren Weg u. a. nach Frankreich, Italien und Russland, wurden jeweils unabhängig voneinander weiterentwickelt. 1852 brachte der Tischler Adolph Herold das erste Akkordeon ins Vogtland nach Klingenthal, begann die Instrumente in der väterlichen Werkstatt nachzubauen. Nur zehn Jahre später gab es hier bereits 20 Betriebe mit über 300 Arbeitern, ein regelrechter Harmonika-Boom setzte ein. Die Stadt war bereits seit dem 17. Jahrhundert bekannt für ihren Musikinstrumentenbau. Böhmische Geigenbaumeister siedelten sich hier an – ob aus religiösen oder fiskalischen Gründen, da widersprechen sich die Quellen. Fakt ist, die Nachfrage nach Instrumenten trotzte Kriegen und Krisen. Noch heute halten mehrere Unternehmen die alte Tradition am Leben, die Erzeugnisse können neben der asiatischen Konkurrenz durchaus bestehen. Im „Paulus-Schlössel" zu Markneukirchen zeigt eine Schau die Vielfalt der Musikinstrumente.

Fakt ist, die Nachfrage nach Instrumenten trotzte Kriegen und Krisen.

Rund 3.200 davon aus dem Vogtland und dem Rest der Welt sind zu bestaunen und teilweise auch akustisch zu erleben. Ob Holz- oder Metallblas-, ob Streich-, Zupf- oder eben Tasteninstrument – hier gibt es einen Einblick in ein faszinierendes Handwerk. Mancher soll nach dem Besuch schon Lust bekommen haben, selbst zu musizieren.

■ Einst Ort für Maloche …

■ … heute Platz für kulturelle Erlebnisse

Die Sehnsucht nach Licht

Das erste Silber im Erzgebirge wurde um 1168 bei Freiberg gefunden, das erste „große Berggeschrey" lockte Siedler aus allen Richtungen an, durch Bergbau Wohlstand zu erlangen. Rund drei Jahrhunderte später – die Vorkommen waren mehr und mehr erschöpft, wurden um Schneeberg, Annaberg und Marienberg neue Lagerstätten erschlossen – führte ein „zweites Berggeschrey" zur Blüte dieser Städte. Parallel dazu begann man hauptsächlich um Ehrenfriedersdorf, Geyer und Altenberg mit dem Zinnabbau. Freilich war der Ertrag nicht mit dem von Silber zu vergleichen. Silber benötigte man u. a. in großen Mengen zur Münzherstellung, Zinn fand Verwendung für Geschirr und Gefäße oder für kunstgewerbliche Figuren. Heute hat Zinn natürlich einen anderen Stellenwert, ist Bestandteil vieler Metalllegierungen, allein die goldfarbenen Euromünzen enthalten rund ein Prozent des Metalls. In Pöhla fand man in der Mitte des 20. Jahrhunderts Zinn, Wolfram, Eisen, Silber und Uran. Letzteres war für die SDAG Wismut interessant, die hier mit der Erschließung begann. Die Sowjets sind inzwischen weg – was blieb, ist ein Ort, der Gelegenheit bietet, Bergbau hautnah zu erleben. Nach einer Fahrt mit der Grubenbahn zu einer Lagerstätte wird die alltägliche Arbeit der Bergleute anschaulich demonstriert. Übrigens, im Besucherbergwerk nutzen viele die Möglichkeit zur Eheschließung, ein nicht alltäglicher Ort eben. Folkloristische Veranstaltungen unter Tage zeigen Brauchtumspflege – interessierte Einheimische und Gäste sitzen dabei Seite an Seite.

Besucherbergwerk Zinnkammern Pöhla e. V.
Luchsbachtal 19
08340 Schwarzenberg/OT Pöhla
03774 81078
www.zinnkammern.de

Was blieb, ist ein Ort, der Gelegenheit bietet, Bergbau hautnah zu erleben.

- Ort zum Wohlfühlen …

- … und Entspannen

Kuren mit Radioaktivität

Bad Schlema nahe Aue an der Zwickauer Mulde findet langsam zu altem Kurortglanz zurück. Dabei ist es gerade mal ein Jahrhundert her, als im Ort im Zusammenhang mit dem Bergbau starke Radonquellen erschlossen wurden. Nach dem Ersten Weltkrieg begann der Kurbetrieb, Oberschlema wurde zum Radiumbad. Kurpatienten kamen von weit her, die Gästezahlen stiegen sprunghaft und der Kurort wurde zu einem der wichtigsten deutschen Heilbäder. Radon, wir erinnern uns an den Chemieunterricht: radioaktives Edelgas, Ordnungszahl 86, soll – vereinfacht gesagt – das Immunsystem des Menschen stärken, Entzündungen heilen und Schmerzen lindern. Man warb mit Bade- und Trinkkuren, verschickte sogar das abgefüllte Wasser. Nach dem Zweiten Weltkrieg beendeten die sowjetischen Pläne zur Nutzung der Uranvorkommen den Kurbetrieb, der alte Ortskern von Oberschlema musste dem Bergbau weichen. In den 1990er-Jahren – die neuen politischen Verhältnisse machten es möglich – begann man die Kurtradition wiederzubeleben. Parkanlagen sorgen heute für Wohlfühl-Atmosphäre, das Gesundheitsbad „Action" wurde erbaut, in den verschiedenen radon- und solehaltigen Becken kann man sich hier gelassen der heilenden Wirkung des Wassers hingeben, die Seele baumeln lassen. Saunafreunde finden nicht weniger als acht Schwitzvarianten, ambulante Kur- und Therapieangebote zur Behandlung verschiedener Erkrankungen runden das Angebot des Hauses ab. Eines steht fest: Aus dem Gesundheitsbad „Action" gehe ich immer langsamer und gelassener raus als zuvor hinein.

Kurgesellschaft Schlema mbH
Richard-Friedrich-Boulevard 7
08301 Bad Schlema
0371 215500
www.kur-schlema.de

Der Kurort wurde zu einem der wichtigsten deutschen Heilbäder.

■ Ehemals Bier-, heute Kabarettkeller

■ Gisela Hinzelmann und Eva-Maria Fastenau, „Fettnäppchen"-Urgesteine

Satire im Bierkeller

Arbeitnehmer mussten schon immer flexibel sein. Als die relativ bescheidenen Kupfer- und Silbervorkommen im Raum Gera im 17. Jahrhundert erschöpft waren, bot der Bau von Höhlern den arbeitslosen Bergleuten eine neue Einkommensquelle. Höhler – der Name wird nur in Gera verwendet – sind nichts anderes als Bierkeller. 1487 erlaubte das „Geraer Bierbrauerprivileg" jedem Hausbesitzer der Stadt, sein eigenes Bier zu brauen. Und da man von dieser Möglichkeit auch regen Gebrauch machte, hatten im 19. Jahrhundert über 200 Häuser einen „Keller unter dem Keller", um das Selbstgebraute ideal lagern zu können. Heute kommt das Bier aus dem Supermarkt, die kühlen Lagerräume sind frei für neue Verwendungszwecke. Ein Verein (www.gera-hoehler.de) kümmert sich um die Erhaltung einiger und veranstaltet auf Voranmeldung Führungen. Andere Höhler werden vom Stadtmuseum betreut, auch dort stehen Führungen auf dem Programm. Der Höhler unter dem Rathaus wiederum dient seit 1973 als eine von mehreren Spielstätten für das Kabarett „Fettnäppchen". Einst auf DDR-Regierungsbeschluss gegründet, hat das Ensemble 1991 die Privatisierung erfolgreich gemeistert und ist heute das größte Satiretheater Thüringens. Die Programme sind meist ein bisschen bissiger als bei den Kollegen, doch fehlen auch die leisen Momente nicht. Die Menschen im Land lieben „ihr" Fettnäppchen, die guten Besucherzahlen beweisen es. Ob als Kabarettbühne oder als Besichtigungsobjekt – Geras Höhler sind ein nicht alltäglicher Abstieg.

Stadtmuseum Gera
Museumsplatz 1
07545 Gera
0365 55249954
(Kasse Höhler)
www.gera.de

Kabarett „Fettnäppchen"
Markt 1
07545 Gera
0365 23131
www.kabarett-fettnaeppchen.de

> Höhler – der Name wird nur in Gera verwendet – sind nichts anderes als Bierkeller.

■ Macht Appetit

■ Mehr als nur Spaghetti

Bei den Nudelmachern

Eine kulinarische Welt würde für viele von uns zusammenbrechen, wenn es ab morgen keine Pasta mehr gäbe. Ob mit einer Sauce, als Beilage, als Bestandteil in Salaten oder als Suppeneinlage – die Teigelemente aus Weizengrieß sind von den Speisezetteln nicht wegzudenken und erfreuen sich großer Beliebtheit. Von der Fadennudel bis zur Lasagneplatte, von den Buchstaben in der Suppe zu grünen Spinatnudeln scheint das Angebot unüberschaubar. Klar, die Badener und Württemberger mit ihren Maultaschen und Spätzle übertreffen die Sachsen und Thüringer noch im Konsum, doch die erste Nudelfabrik auf deutschem Boden entstand 1793 in Erfurt. Einer der führenden deutschen Nudelhersteller der Gegenwart, die Teigwaren Riesa GmbH, begann vor rund 100 Jahren in der Industriestadt an der Elbe mit der Produktion. Ob in Kriegs- oder Friedenszeiten, in wirtschaftlich goldenen oder trüben Tagen – die Nudel ist immer zu Gast auf den Tischen. Aber wissen Sie, wie dieses Nahrungsmittel hergestellt wird? Das Nudelcenter Riesa im Werksgelände lädt zu Betriebsführungen bei laufender Produktion. Hier kann man u. a. erfahren, was in den Teig geknetet wird, wie die verschiedenen Formen entstehen und wie das fertige Produkt in die Tüte kommt. Wer danach noch mehr wissen möchte, besucht das Nudelmuseum, die große Mehrheit bekommt aber durch die Führung Appetit und stürmt das Nudelrestaurant im Haus. Ein Shop bietet eine unglaubliche Vielfalt von Produkten rund um die Nudel an. Es gibt eben nicht nur Spaghetti Bolognese …

Teigwaren Riesa
Merzendorfer Straße 21-25
01591 Riesa
03525 720355
www.teigwaren-riesa.com

Die Nudel ist immer zu Gast auf den Tischen.

■ Außen Fabrikhalle …

■ … und innen Freizeitspaß

Neuer Schwung in alten Mauern

13

Das „Icehouse" im Auer Ortsteil Neustadt hat ein besonderes Flair. Es fasziniert mich immer wieder zu erleben, wenn in nicht mehr benötigten Industriebauten neues Leben einzieht, wenn aufwendige Ziegelzweckbauten von einst vor dem Verfall gerettet werden. Da ist das „Icehouse" kein Einzelfall in Aue, selbst beim Einkaufen begegnet man Industriegeschichte – ein Supermarkt im Zentrum fand Platz in einer denkmalgerecht sanierten Halle einer ehemaligen Textilmaschinenfabrik. Typisch für die 16.000-Einwohner-Stadt an der Zwickauer Mulde, die ihr Image gründlich gewandelt hat. Die Zeiten, in denen hier 40.000 Menschen lebten und der Uranerzbergbau Familien ernährte, aber auch viele Probleme schuf, sind lange vorbei. Industriebetriebe gibt es auch heute nicht wenige hier, beispielsweise im Maschinenbau und im Textilgewerbe – doch einige Hallen standen nach der Wende plötzlich leer, wurden abgerissen oder saniert. Die historische Fabrikhalle des „Icehouse" gehört zur Nickelhütte Aue GmbH, einer modernen Produktionsstätte für Nichteisenmetalle. Die Wurzeln des Betriebes reichen zurück bis ins Jahr 1635. Zurück zum Eisvergnügen: Perfekt ist die Eisbahn nicht, beim Laufen muss man den dick gepolsterten Säulen ausweichen, was aber den Spaß kaum verringert. Vertreter verschiedener Generationen drehen ihre Runden, einige perfekt und harmonisch, andere ein wenig wacklig – egal, das Vergnügen steht im Mittelpunkt. Schlittschuhe und für die Kleinsten Hilfsmittel kann man vor Ort für wenig Geld ausleihen.

Icehouse Aue
Mittelstraße 11
08280 Aue
03771 505455
Saison von Oktober bis Februar

Beim Laufen muss man den dick gepolsterten Säulen ausweichen, was aber den Spaß kaum verringert.

Macht Laune und schmutzige Hände

Unikate für die Nase

14

Weihnachten verbindet jeder mit anderen Erinnerungen und Eindrücken, meistens zurückreichend bis in die Kindheit. Festlich geschmückte Räume im Kerzenlicht, Stunden der Besinnung bekommen aber erst die richtige Atmosphäre durch typisch weihnachtlichen Duft. Zeit, einmal den Blick auf die wohlriechenden Räucherkerzchen zu lenken. Oder wussten Sie, dass die Grundbestandteile der kleinen Kegel gemahlene Holzkohle und gekochte Kartoffelstärke sind? In der Firma Jürgen Huss erfährt man manches zum Hintergrund und kann sogar selbst kreativ werden. Interessierte haben in der Schauwerkstatt die Möglichkeit, selbst Düfte zu kreieren. Doch zuerst gilt es, aus den Grundbestandteilen – ähnlich wie beim Plätzchenbacken – einen Teig zu kneten. Das Harz des Weihrauchbaumes, Sandelholz oder gemahlene Lavendelblüten liefern die Duftnote. Kneten und Formen sorgen zwar für schmutzige Hände – aber vor allem auch für einen Heidenspaß. Dieses Angebot wird gern von Gruppen, ob Schulklasse oder Firma, genutzt; vorherige Anmeldung ist erforderlich. Wer weniger Körpereinsatz zeigen möchte, für den gibt es im Ladengeschäft die Produkte des Hauses neben einer Auswahl kunsthandwerklicher Erzeugnisse aus dem Erzgebirge zu erwerben. Seit 1930 werden Räucherkerzchen bei Huss in Sehmatal-Neudorf, nur wenige Kilometer vom Fichtelberg entfernt, hergestellt, doch die Geschichte der „Weihrichkarzl" reicht bis in die Mitte des 18. Jahrhunderts zurück. Und in der Gegenwart sind die Duftkegel einfach nicht mehr aus der Weihnachtszeit wegzudenken.

Schauwerkstatt und Ladengeschäft „Zum Weihrichkarzl"
Karlsbader Straße 187
09565 Sehmatal-Neudorf
037342 149390
www.weihrichkarzl.de

Stunden der Besinnung bekommen erst die richtige Atmosphäre durch typisch weihnachtlichen Duft.

■ Ein Belgier baut in Chemnitz …

■ … und in Gera

Villen mit Stil

15

Auf vielen Gebieten hat sich der Belgier Henry van de Velde, Jahrgang 1863, ausprobiert. Nach seinem Malereistudium entwarf er Alltagsgegenstände und Inneneinrichtungen, ehe er sich letztlich der Architektur zuwandte. Was er schuf, war seinerzeit topmodern. Er befreite den Jugendstil von allen Schnörkelelementen, verzettelte sich nicht in Blättern, Ranken und Blüten, sondern konzentrierte sich auf klare Linien. Herbert Esche, Chemnitzer Strumpffabrikant mit entsprechendem Vermögen, wurde auf van de Velde in Paris aufmerksam, lernte ihn zu schätzen und beauftragte ihn 1902 mit dem Bau einer Villa inklusive Gestaltung der Innenräume. Paul Schulenburg, Inhaber einer Geraer Woll- und Seidenweberei ließ sich 1913 ebenfalls ein standesgemäßes Wohnhaus vom gleichen Architekten bauen – wiederum schlüsselfertig à la van de Velde, also komplett eingerichtet und mit gestaltetem Garten. In beiden Häusern zeigen Museen viel über den 1957 in der Schweiz verstorbenen Künstler. Das Museum in der Villa Esche als Teil der Chemnitzer Kunstsammlungen stellt u. a. Teile der Ersteinrichtung des Hauses aus, während sich in Gera im Haus Schulenburg in der Straße des Friedens 120 ein Privatmuseum mit seinen Arbeiten zur Buchgestaltung beschäftigt. Übrigens kann man einen Bummel durch die ästhetischen Genüsse der Villa Esche mit einem kulinarischen Genuss im Restaurant krönen, das Team um Chef Falk Heinrich bietet edle Gaumenfreuden mit klaren Linien und ohne Schnörkel – Henry van de Velde hätte es bestimmt gefallen.

Villa Esche
Parkstraße 58
09120 Chemnitz
0371 5331088
www.villaesche.de

Haus Schulenburg
Straße des Friedens 120
07548 Gera
0365 826410
www.hausschulenburg.de

> Er befreite den Jugendstil von allen Schnörkelelementen.

Platz nehmen und ab geht's!

Bobfahren im Winter und im Sommer

16

Wie beschrieb man lange Zeit ein typisches Erzgebirgsdorf? Ein Tal, durch das – mal wild, mal träge – ein Fluss fließt, eine Straße, die exakt jeder Kurve des Flusses folgt, und Häuser und Gehöfte, die – einer Perlenkette gleich – entlang von Straße und Fluss aufgereiht sind, schließlich irgendwo mittendrin eine Fabrik, damit die Einwohner ihr täglich Brot finanzieren konnten. Eibenstock macht da eine Ausnahme, an die Industrie von einst, Zinnbergbau und Stickerei, erinnert ein nettes Museum, doch die Kleinstadt hat – von oben betrachtet – eher die Form eines Kreises. Aus der Vogelperspektive erkennt man am südlichen Stadtrand am Adlerfelsen auch den Skihang mit Lift und die Allwetterbobbahn mit ihren Kurven. Beides gehört zur Skiarena Eibenstock, einem der Hauptattraktionen für Touristen hier. Und hier ist immer was los! Skihang und Rodelberg im Winter, die schon erwähnte Ganzjahresbobbahn – hier gibt's Speed auf Rädern und Schienen – oder die neueste Attraktion Tubing, also Reifenrutschen – für jeden ist etwas dabei. Wer es ein wenig ruhiger mag, der kombiniert sich den Weg durch das Heckenlabyrinth, die Kleinen lockt ein Spielplatz und ein Haustier-Streichelgehege. Ein Familienausflug ist eben erst perfekt, wenn alle zufrieden sind und auch die Kinder nicht nörgeln. Bei so vielen Attraktionen gerät die idyllische Lage von Eibenstock fast ein wenig in den Hintergrund. Die ausgedehnten Wälder und Berge rings um die Stadt sowie die Talsperre im Norden ermöglichen Erholung pur für gestresste Seelen.

Touristenzentrum Am Adlerfelsen
Bergstraße 7
08309 Eibenstock
0172 7536970
www.skiarena-eibenstock.de

> Ein Familienausflug ist eben erst perfekt, wenn alle zufrieden sind.

■ In diesen Mauern wurde viel gemalt

■ Geras Schmuckstück: Untermhaus

Der Realist aus Untermhaus

Heute ist es eine der schönsten Ecken von Gera, der Stadtteil Untermhaus. Der wohl berühmteste Sohn der Stadt, Otto Dix, erblickte hier 1891 im damals noch selbstständigen Ort das Licht der Welt. Die Eltern, von Beruf Eisenformer und Näherin, bewohnten im Haus Mohrenplatz 4 zwei Zimmer, lebten in einfachen, aber nicht bildungsfernen Verhältnissen. Bereits während seiner Schulzeit förderte sein Zeichenlehrer sein Talent. Nach erfolgreicher Lehre als Dekorationsmaler ermöglichte ihm das Stipendium des Fürsten von Reuß das Studium an der Dresdener Kunstgewerbeschule. Otto Dix verarbeitete seine Erlebnisse als Kriegsfreiwilliger im Ersten Weltkrieg im damals modernen Expressionismus, wandte sich später einer sozialkritischen Form des Realismus zu. Bekannt aus dieser Zeit sind seine Porträts, in denen er in parodistisch-karikaturhafter Weise Persönlichkeiten darstellt. Konflikte mit den Nationalsozialisten blieben nicht aus, doch der Maler stagnierte nicht künstlerisch. Es folgte eine Phase mit landschaftlichen und religiösen Motiven. Zum 75. Geburtstag verlieh ihm seine Geburtsstadt Gera die Ehrenbürgerwürde. Dix gelingt es schließlich zeitlebens, seinen künstlerischen Stil weiterzuentwickeln. 1963 sagt er im Interview: „Ich bin so ein Realist, wissen Sie, dass ich alles mit eigenen Augen sehen muss." Freilich ist wenig Platz in seinem Elternhaus, doch verschafft die Ausstellung hier am Ort seiner Kindheit in Gera einen guten Überblick über das Schaffen von Otto Dix in allen Phasen seines Lebens.

Otto-Dix-Haus
Mohrenplatz 4
07548 Gera
0365 8324927
www.kunstsammlung-gera.de

> Bereits während seiner Schulzeit förderte sein Zeichenlehrer sein Talent.

■ Nicht nur von außen gewaltig: der Dom St. Marien

Sakrales Wahrzeichen

Er überragt die Innenstadt Zwickaus, ist nicht zu übersehen, der 87 Meter hohe Turm der Marienkirche. Die Wurzeln reichen zurück bis ins Jahr 1180, seither wandelte sich das Erscheinungsbild des bedeutendsten Sakralbaus der Stadt nach Zerstörungen und anschließenden Wiederherstellungen mehrfach. Der charakteristische Turm erhielt sein heutiges Aussehen von 1671 bis 1677. Im Inneren sollte man neben dem Altar aus dem 15. Jahrhundert auch das Vesperbild aus dem Jahre 1502 „Beweinung Christi" des Zwickauer Bildschnitzers Peter Breuer bewundern. Breuer war ein Schüler von Tilman Riemenschneider. Zur Zeit der Bauernaufstände predigte hier der Reformator Thomas Müntzer. Ende des 19. Jahrhunderts wurde der Bau grundhaft saniert, die Skulpturen mit Darstellungen von Aposteln, Propheten und Persönlichkeiten der Reformation verzieren seither die Strebepfeiler. Im Jahr 1935 erklärte man die Marienkirche zum Dom. Drei Jahrzehnte später baute die Bautzener Firma Eule die größte in der DDR geschaffene Kirchenorgel für das Gotteshaus. Aufgrund jahrzehntelang in der Stadt betriebenen Steinkohlebergbaus ist die Bausubstanz bedroht, sich hebendes und senkendes Gelände erfordert immer wieder Sanierungs- und Sicherungsmaßnahmen. Die Zwickauer aber mögen ihr Wahrzeichen, unweit vom Hauptmarkt. Dort, am zentralen Platz der Stadt, steht das Rathaus von 1404 sowie am anderen Ende ein originalgetreuer Nachbau des Geburtshauses von Robert Schumann. Der Komponist wurde 1810 wiederum in der Marienkirche getauft.

Dom St. Marien Zwickau
Domhof 10
08056 Zwickau
0375 2743510
www.nicolai-kirchgemeinde.de

Die Bautzener Firma Eule baute die größte in der DDR geschaffene Kirchenorgel für das Gotteshaus.

■ Hier findet man Ruhe und Entspannung …

■ … aber vor allem Action und Adrenalin

Der Stier im Forellenhof

„El Toro", zu deutsch „der Stier", hat eine Höhe von 28 Metern, ist 725 Meter lang. Höchstgeschwindigkeit: bis zu 75 km/h. Doch was sagen schon Zahlen, die Fahrt auf einer der größten Holzachterbahnen Deutschlands verspricht Adrenalin pur. Wie wäre es danach mit Wildwasserrafting? Im „Fluch des Teutates" warten acht Rundboote auf Mutige, der Wildwasserkanal misst stolze 360 Meter – Spaß und Spritzwasserkontakt inklusive. Um die 70 Attraktionen gibt es im Freizeitpark Plohn und jährlich kommen neue hinzu. Angefangen hat alles zu Beginn der 1990er-Jahre mit einem Forellenhof samt Gaststätte, ein kleiner Märchenwald war später der erste Schritt zum heutigen Park. Inzwischen gibt es eine ganze Reihe verschiedener Themenwelten, so lockt das Plohnidorf mit seiner Kinderachterbahn über einem See oder das Urzeitdorf, welches auf einer entspannten Floßfahrt Begegnungen mit Dinosauriern erlaubt. Und immer wieder kommt Neues hinzu. Nicht wenige Stammgäste kommen einmal im Jahr hierher. Witterungsabhängig etwa von Ostern bis Halloween finden Actionfans und Ruhesuchende ihre Ecken. Im Vergleich mit anderen, größeren Freizeitparks fällt die Liebe zum Detail in der Gestaltung auf, der Park fügt sich gut in die Natur ein. Selbst die Übernachtungsmöglichkeiten passen zum Konzept. In der Themenpension „Zur alten Brauerei" kann man „märchenhaft" übernachten. Oder wie wäre es mit einer Nacht im Heu? Bereitgestellte weiche Heuboxen machen das Schlafen mit dem Schlafsack hier zum echten Abenteuer.

Freizeitpark Plohn
Rodewischer Straße 21
08485 Lengenfeld/Plohn
037606 34163
www.freizeitpark-plohn.de

Nicht wenige Stammgäste kommen einmal im Jahr hierher.

■ Ein reizvolles Schloss als Kulisse für die Schau

■ Landwirtschaftsgerät von vorgestern

Das unromantische Landleben

20

Mutigen Blankenhainer Bürgern ist es zu verdanken, dass das Schloss im Ort heute überhaupt noch steht. Nach dem Zweiten Weltkrieg planten die sowjetischen Besatzer das alte Rittergut, dessen Wurzeln bis ins 12. Jahrhundert reichen, zu schleifen. Denn das Anwesen bietet eine hervorragende Kulisse für die Schau des Deutschen Landwirtschaftsmuseums, ja die Ausstellung scheint fast mit dem Dorf zu verschmelzen, schon einzelne Exponate im Außenbereich machen Lust auf mehr. Darstellungen aus dem Alltagsleben und der Landwirtschaft relativieren schnell die romantischen Vorstellungen vom Landleben, die manch Großstadtbewohner noch hat. Traktoren und andere landwirtschaftliche Geräte von einst, Werkstätten, eine Landarztpraxis und eine Dorfschule zeigen, wie der Alltag der Menschen in früherer Zeit wirklich war. Nachgestellte Wohnräume veranschaulichen die damalige Wohnkultur. Wenn man Glück hat, hämmert es in der Dorfschmiede, die Säge im Sägewerk kreischt. Nutzpflanzen von einst wachsen auf einer kleinen Fläche, ein Kräuterbeet und ein Bauerngarten hatte seinerzeit fast jeder hinterm Haus. In regelmäßigen Abständen werden Märkte veranstaltet, Veranstaltungen, wie zum Beispiel ein Treffen von Traktorfreunden, locken zusätzliche Gäste. Die Zeitreise verspricht eine Menge Aha-Erlebnisse und auf der Rückfahrt aus dem idyllischen Dorf bei Crimmitschau verspürt mancher so etwas wie Dankbarkeit, in der Gegenwart mit Pkw, HD-TV, Smartphone und den vielen kleinen Erleichterungen des Alltages leben zu dürfen.

Deutsches Landwirtschaftsmuseum Schloss Blankenhain
Am Schloss 6
08451 Crimmitschau/OT Blankenhain
036608 2321
www.deutscheslandwirtschafts museum.de

Die Zeitreise verspricht eine Menge Aha-Erlebnisse.

- Zwischen alten Schulsachen …

- … lässt's sich gut speisen

Schule mit Bestnoten

21

Übrigens soll Klingenthal nicht nach den im Ort ansässigen Musikinstrumentenbauern benannt worden sein. Möglicherweise geht der Name der Stadt im Vogtland zurück auf Nikolas Klinger, den ersten Eisenhammerwerkbesitzer vor Ort, und nicht auf die „klingenden Täler". Das älteste noch existierende Gebäude ist wahrscheinlich die „alte Schule". Ob Nikolas Klinger oder seinen Kindern hier das Lesen und Rechnen beigebracht wurde, kann ich nicht sagen. Ab 1630 jedenfalls diente das als Blockbohlenbau errichtete Haus für rund zwei Jahrhunderte zur Unterrichtung der jüngsten Klingenthaler. Genaues weiß übrigens keiner, denn alte Unterlagen zum Haus existieren nicht mehr viele. Heute präsentiert sich das unter Denkmalschutz stehende Gebäude als ein stilvolles Restaurant. In verschiedenen Räumen kann man unter Petroleumlampen auf rustikalen Holzmöbeln sitzen, durch die Sprossenfenster nach draußen schauen und typisch vogtländische Küche genießen. Im ehemaligen Hühnerstall sind noch die Stangen für das Federvieh an der Decke zu sehen, in der Rußküche, welche einst als Heizung für das ganze Haus diente, befindet sich noch die originale Kochstelle. Im Sommer lädt ein Biergarten am Brunnen zum Verweilen ein. Auf den Tellern liegen Buttermilchgetzen mit Schwammerahm (Pilzrahm), Hüllerchen (kleine Kartoffelbällchen in Speck und Zwiebeln gebraten) oder einfach nur vogtländischer Sauerbraten mit Klößen. Die Klingenthaler lieben ihre „alte Schule", freitags trifft sich der Stammtisch unter der Hühnerstange.

Gasthaus „Zur alten Schule"
Schulgasse 4
08248 Klingenthal
037467 26872
www.alte-schule-klingenthal.de

Heute präsentiert sich das unter Denkmalschutz stehende Gebäude als ein stilvolles Restaurant.

■ Ein lohnender Aufstieg

Blick aus der fliegenden Kapsel

Vogtland Arena
Floßgrabenweg 1
08248 Klingenthal
037467 26872
www.vogtland-arena.de

Auf den ersten Blick hätte man der beschaulichen Stadt im Vogtland so viel Weltklasse gar nicht zugetraut. Über zehn Kilometer fügt sich die Kleinstadt zwischen dem über 900 Meter hohen Aschberg und der Grenze zu Tschechien in die waldreiche Gebirgslandschaft ein. Allerdings hat der Skisport hier eine lange Tradition, hier gab es wahrscheinlich immer ein paar mehr Engagierte als anderswo. 1936 zum Beispiel bewarb sich die Stadt um die Austragung der Olympischen Spiele, ein Fabrikant plante aus diesem Anlass den Bau einer gigantischen Schanze. Klingenthal unterlag, Garmisch-Partenkirchen bekam den Zuschlag – so dauerte es noch mal rund zwei Jahrzehnte bis zum Bau der Aschberg-Schanze. Im Jahr 2001, die legendäre „Asch" war längst wegen Baufälligkeit abgerissen worden, begann der Bau der Vogtland-Arena. Dieser sollte fünf Jahre dauern, das Ergebnis ist eine topmoderne Wettkampfanlage, auf der neben Skisprung-Events auch Konzerte von Klassik bis Pop stattfinden. Bei den meisten Veranstaltungen sind die Ränge gut gefüllt, jedoch ist es ebenso faszinierend, die Anlage menschenleer und still inmitten der herrlichen Natur zu erleben. Führungen bieten Gelegenheit, den

> Bei den meisten Veranstaltungen sind die Ränge gut gefüllt.

Schanzenturm zu besteigen und die „fliegende Kapsel" zu besuchen, die den Springern während des Wettkampfes als Aufenthaltsraum dient. Oben am steilen Anlaufe stehend und auf den Schanzentisch hinunterblickend, wird manchem klar, dass Skispringer wohl ein bisschen anders ticken als der Rest. Mein erster Gedanke war: Lebensmüde!

■ Auch zu japanischen Saunafreuden …

■ … gehört eine Abkühlung

Schwitzen weltweit

23

Gut – das Erzgebirge ist nicht Skandinavien, doch beide Regionen haben auch Gemeinsamkeiten. Relativ lang, schneereich und kalt sind die Winter, und was den Waldreichtum betrifft, braucht das Gebiet um Eibenstock mit seinen ausgedehnten Fichtenbeständen den Vergleich nicht zu scheuen. Genau der richtige Ort also, um ein wenig in die Saunakultur einzutauchen. Wie wäre es zum Beispiel mit einer karelischen Rauchsauna? In Finnland, wo Saunakultur praktisch zum Alltag gehört, heizt man – vereinfacht gesagt – entsprechende Räume mit einem Holzfeuer in einem speziellen Steinofen, lässt den Rauch aber nicht durch einen Schornstein, sondern durch Schlitze an der Wand entweichen. Ist das Feuer verbrannt, wird gelüftet, der verbleibende Rauch sowie neue Aufgüsse auf die noch heißen Steine liefert die Wärme für ein „nebliges" Schwitzvergnügen Die russische Form der Sauna heißt Banja, massierende Schläge auf die Haut mit Birkenzweigen gehören hier zum Ritual und sorgen für Durchblutung. Das Inipi, die Schwitzhütte der Indianer Nordamerikas, erinnert an ein Zelt. In Italien begibt man sich ins Serailbad, eine Schlammsauna ähnlich dem türkischen Hamam. Ein orientalisches Kräuterdampfbad oder ein Eibenstocker Bierbad? Sauna ist eben nicht gleich Sauna. Ruhig und entspannt geht es im japanischen Saunagarten zu. Im Kamaburo, dem Schwitzbad, kann man in meditativer Atmosphäre saunieren. Fazit der Sauna-Weltreise in den Badegärten: Eibenstock ist für viele die Sauna-Hauptstadt des Erzgebirges.

Badegärten Eibenstock
Am Bühl 3
08309 Eibenstock
037752 5070
www.bade
gaerten.de

> **Massierende Schläge auf die Haut mit Birkenzweigen gehören hier zum Ritual und sorgen für Durchblutung.**

Schönheit der Natur – buchstäblich steinalt

Ein Schloss voller Edelsteine

Erika Pohl-Ströher hat in ihrem Leben viel Gutes getan. 1919 geboren, verbrachte sie ihre Kindheit in Rothenkirchen südlich von Zwickau. Hier hatten ihre Großeltern 1880 die Kosmetikfirma Wella gegründet. Während Urlaubsreisen in den Kindheitsjahren nach Bad Gastein fand sie erste Mineralien. Von der Schönheit und Vielfalt der edlen Steine fasziniert, entstand daraus eine Leidenschaft fürs Leben. In über 60-jähriger Sammlertätigkeit hat sie rund 80.000 Stücke aus allen Teilen der Erde zusammengetragen. Über Händler und Tauschpartner kamen immer neue, ästhetisch besonders wertvolle Mineralien hinzu. 2004 gründete die Mäzenin die Pohl-Ströher-Stiftung. Die weltweit größte Mineraliensammlung sollte – so die Aufgabe der Stiftung – wissenschaftlich genutzt und der Öffentlichkeit zugänglich gemacht werden. Einen geeigneten Rahmen fand man in Schloss Freudenstein in der Freiberger Altstadt. Nach Sanierung und Umbau feierte man hier 2008 die Eröffnung der „Terra Mineralia". Die Ausstellung gibt einen geografisch geordneten Einblick in die faszinierende Welt der Mineralien. Für die promovierte Biologin und Wahlschweizerin aber kein Grund, ihre Aktivitäten einzustellen: Auch danach nutzte sie ihre Zeit zur weiteren Komplettierung ihrer Kollektion. Die Welt der funkelnden Steine ist übrigens nicht ihre einzige Leidenschaft. In Annaberg-Buchholz in der „Manufaktur der Träume" (Buchholzer Straße 2) ist ihre Volkskunstsammlung mit Exponaten aus den letzten drei Jahrhunderten zu bestaunen – Schätze wiederum ganz anderer Art.

Terra Mineralia
TU Bergakademie Freiberg
Schloss Freudenstein
Schlossplatz 4
09599 Freiberg
03731 394654
www.terra-mineralia.de

Die Ausstellung gibt einen geografisch geordneten Einblick in die faszinierende Welt der Mineralien.

▪ Synagoge als Ort der Andacht …

▪ … und das „Schalom" als Ort der Tafelfreuden

Jüdisches Leben in Chemnitz

Chemnitz war in den 1920er-Jahren eine blühende Großstadt. Eine leistungsfähige Industrie brachte Wohlstand, kulturelle Vielfalt prägte das Leben. Die Jüdische Gemeinde der Stadt gehörte mit rund 3.500 Mitgliedern zu den größten Deutschlands. Nicht nur die beliebten Warenhäuser Schocken und Tietz waren ein Begriff bis weit ins Umland, die Menschen jüdischen Glaubens waren fester Bestandteil der Gesellschaft – bis zur Schreckensherrschaft der Nationalsozialisten. Bereits 1945 aber fanden sich 57 in die Stadt zurückgekehrte Überlebende zusammen, um die Gemeinde wieder aufleben zu lassen. Die heute rund 670 Mitglieder verfügen über eine moderne Synagoge und ein Gemeindezentrum in der Stollberger Straße 28. Ein Verein, Schalom e.V., bietet Informationsveranstaltungen, will Plattform für Menschen unterschiedlicher Überzeugungen sein, die für ein friedliches und tolerantes Miteinander eintreten. Im Restaurant „Schalom" trifft man sich außerdem bei koscherer Küche und manchmal auch zu Livemusik. Wichtig für die koschere Küche ist die Einhaltung bestimmter Speisegesetze, wie die Trennung von milchigen, fleischigen und neutralen Speisen. Auf der Speisekarte finden sich entsprechende Hinweise, darüber hinaus gibt es für jede Kategorie eigenes Besteck und Teller. Die Karte selbst versucht einen Querschnitt durch die gesamte Welt der jüdischen Küche. Erfreulich – hier bleibt man nicht unter sich, Menschen aus allen Kreisen und Schichten verbringen im „Schalom" angenehme Abende, darunter nicht wenige junge Leute.

Restaurant „Schalom"
Heinrich-Zille-Straße 15
09111 Chemnitz
0371 6957769
www.schalom-chemnitz.de

Wichtig für die koschere Küche ist die Einhaltung bestimmter Speisegesetze.

■ Unscheinbarer Eingang …

■ … in eine gigantische Welt unter Tage

Schätze aus dem Berg

26

„Viele sind der Meinung, der Bergbau sei etwas Zufälliges und eine schmutzige Tätigkeit und überhaupt ein Geschäft, das nicht sowohl Kunst und Wissenschaft als körperliche Arbeit verlange. Allein wie mir scheint, wenn ich seine einzelnen Teile durchlaufe, so verhält sich die Sache ganz anders." So schrieb Georgius Agricola, Wissenschaftler und Vater der Mineralogie im 16. Jahrhundert. Für die Schulkinder, denen hier Landeskunde vermittelt wird, scheint es mehr ein Abenteuer zu sein, für alle anderen, die einer der Führungen folgen, steigt während des Rundganges durch das etwa 20 Kilometer lange Stollensystem der Respekt vor der Arbeit der Bergleute. Man ahnt, wie hier einst mit Hammer und Schlegel Stück für Stück herausgebrochen wurde, um das begehrte Silber zu gewinnen. Schon in der zweiten Hälfte des 12. Jahrhunderts sollen hier Händler die ersten „glänzenden Steine" gefunden haben. Bei Untersuchungen in Goslar, damals schon Bergbaustadt, stellte sich der hohe Silbergehalt des Gesteins heraus. Bergleute aus dem Harzstädtchen zogen her, rasch führten die Silberfunde zu Wohlstand, die Stadt Freiberg wurde gegründet, wuchs und soll zeitweise sogar Leipzig an wirtschaftlicher Bedeutung übertroffen haben. Die Silbervorräte gingen zu Beginn des vorigen Jahrhunderts zur Neige, bis 1969 grub man noch nach Kupfer und Blei, dann war die Ära des Bergbaus in der Stadt endgültig vorbei. Ja, nach so viel Geschichte unter Tage kommt einem die Sehnsucht der Bergleute nach dem Licht auf einmal gar nicht mehr so fremd vor.

Besucherbergwerk Freiberg
Fuchsmühlenweg 9
09599 Freiberg
03731 394571
www.besucherbergwerk-freiberg.de

> Schon in der zweiten Hälfte des 12. Jahrhunderts sollen hier Händler die ersten „glänzenden Steine" gefunden haben.

■ Nach der Arbeit (der Meister ganz rechts) …

■ … folgt der Lohn – Vergnügen bereitet beides

Chemnitzer Kochkünste

Es gibt Dinge, an denen schon viele gescheitert sind. Den schwierigen Spagat zwischen Tradition und Moderne, zwischen schwerer gutbürgerlicher Küche und gesunder Leichtigkeit, zwischen Sinnesfreuden und Vernunft, meistert man bei Strellers perfekt. Traditionell, klassisch und doch kreativ und modern – in Schloßchemnitz, einem der schönsten Teile der Stadt, hat im Erdgeschoss eines Altstadthauses dieses nette kleine Restaurant einen schönen Platz gefunden. In Chemnitz und der Umgebung schätzt man die Gastfreundschaft und die kleine, feine, frische Küche. Und frisch und regional ist hier einiges: Gemüse, Obst, Blütenkräuter und Eier kommen aus eigener Erzeugung vom Anwesen der Familie Streller nördlich der Stadt. Man kocht hier saisonal, weitgehend dem Angebot an Lebensmitteln der jeweiligen Jahreszeit folgend. Gut besucht sind auch die hier stattfindenden Kochkurse, eine Voranmeldung ist trotz in der Regel wöchentlicher Durchführung erforderlich. Helmut Streller, in Fachkreisen gelobter Spitzenkoch, gibt sein Profiwissen an die Kursgäste in lockerer Runde weiter, gemeinsam werden neue Techniken und Tricks erarbeitet und dabei entstehen fast nebenbei kulinarische Raffinessen. Über den eigenen Tellerrand hinausblicken macht den Chemnitzern richtig Spaß, zumindest jenen, für die Essen nicht an der Imbissbude oder in der Burgerbraterei aufhört. Gäste der Stadt werden gern zu Strellers eingeladen, um die kulinarische Gegenwart der Region zu erleben.

Strellers Restaurant
Bergstraße 69
09113 Chemnitz
0371 3551900
www.strellers-restaurant.de

Gemüse, Obst, Blütenkräuter und Eier kommen aus eigener Erzeugung vom Anwesen der Familie Streller.

Plattform für tollen Rundblick: der König-Albert-Turm

Königliche Aussicht

28

„Von dieser Stätte aus erfreue sich der Wanderer der herrlichen Gottesnatur und schaue dabei auf ein glückliches und zufriedenes Land!", schwärmte König Albert von Sachsen am 9. Juli 1880 bei der Grundsteinlegung für den Aussichtsturm auf dem Spiegelwald. In der Tat, der Blick von der 728 Meter über Meereshöhe liegenden Erhebung nördlich von Schwarzenberg und östlich von Aue in Grünhain-Beierfeld reicht bei guter Sicht vom Fichtelberg übers Vogtland bis zum Rochlitzer Berg und manchmal sogar bis Leipzig. Der offenbar beliebte Monarch kam im Jahr darauf zur Eröffnung wieder, ja er stellte sogar seinen Namen für den Turm zur Verfügung. Einige Jahre später baute man eine gastronomische Einrichtung. Erzgebirgszweigvereine, übrigens auch Initiatoren des Turmbaus, übernahmen die Bewirtschaftung. Die Sonntagsausflügler der umliegenden Orte hatten fortan ein Ziel. Im Zweiten Weltkrieg wurde der Aussichtsturm beschädigt und 1967 abgerissen, das Gelände privat genutzt, u. a. als Kinderferienlager des DDR-Fernsehens. Rund zehn Jahre nach der politischen Wende entstand ein neuer Turm auf dem Spiegelwald, in der Spiegelwaldbaude gibt es wieder Speisen und Getränke. Wanderfreunde halten hier Einkehr, ein Bergbau- und ein Wald-Öko-Lehrpfad vermitteln Wissen. Der Ort wird gern genutzt für Familienfeiern, zum Beispiel Hochzeiten. Vor allem aber besticht die Aussicht – und die lockt an Schönwetter-Wochenenden nicht wenige an. Traditionsbewusst trägt der neue Turm den alten Namen, das Panorama ist ja auch wirklich königlich.

Informationszentrum König-Albert-Turm am Spiegelwald
Alte Bernsbacher Straße 1
08344 Grünhain-Beierfeld
03774 640744
www.spiegelwald.de

Die Sonntagsausflügler der umliegenden Orte hatten fortan ein Ziel.

■ Genuss für Auge und Ohr bietet die Silbermann-Orgel

Harmonie aus Stein und Klängen

Ein großer Stadtbrand legte 1484 weite Teile von Freiberg in Schutt und Asche. Auch die Basilika „Unsere Lieben Frauen", Ende des 12. Jahrhunderts kurz nach der Stadtgründung errichtet, wurde zum Opfer der Flammen. Die Goldene Pforte allerdings, ein Rundbogen-Sandsteinportal mit reichen Verzierungen an den Säulen sowie mit aufwendigen Skulpturen, konnte gerettet werden und wurde in den an gleicher Stelle neu errichteten Dom St. Marien eingefügt. Das neue Gotteshaus, ein würdiges Symbol für die bedeutende Wirtschaftsmetropole Sachsens, diente bis zum Übertritt Augusts des Starken zum katholischen Glauben zudem als Grabstätte für zahlreiche Mitglieder des sächsischen Adels. Die Orgel stammt von Gottfried Silbermann, dem berühmtesten Orgelbauer Sachsens. Der junge Gottfried sollte ursprünglich Holzspielzeug drechseln, nach einer weiteren abgebrochenen Lehre als Buchbinder zog es ihn jedoch ins elsässische Straßburg, um bei seinem älteren Bruder das Orgelbauer-Handwerk zu erlernen. Das Instrument im Freiberger Dom war eines seiner frühen, etwa 50 sollten unter seiner Regie die Werkstatt insgesamt verlassen. Kaufmännisches Talent und Verhandlungsgeschick verhalfen dem Junggesellen zu wirtschaftlichem Erfolg, Ansehen und einer gewissen Monopolstellung in der Region. Noch heute erfreuen rund 29 Silbermannorgeln die Freunde entsprechender Musik, kaum eine weiter als 50 Kilometer vom Geburtsort des Meisters entfernt. Ein besonderes Erlebnis ist es jedenfalls, wenn im Dom zu Freiberg Orgelklang durch das Gewölbe hallt.

Evangelisch-Lutherische Domgemeinde Freiberg
Untermarkt 1
09599 Freiberg
03731 300340
www.freiberger-dom.de

> Die Orgel stammt von Gottfried Silbermann, dem berühmtesten Orgelbauer Sachsens.

■ Urlaubsflair im Vogtland

■ Und außerdem noch alles „Bio"

Bio am Zeulenrodaer Meer

30

Die Region Erzgebirge und Vogtland ist ein Land der Talsperren. Die aus dem Mittelgebirge entspringenden Flüsse werden durch die Staumauern reguliert, die entstandenen Seen dienen nicht nur der Wasserversorgung für die Industrie, als Trinkwasserspeicher, der Energieerzeugung und der Wasserregulierung in Hochwasserphasen – die künstlichen Gewässer locken auch Erholungssuchende an. In einer Region praktisch ohne natürliche Seen zieht es Jung und Alt in freien Stunden zum Wassersport, Spazierengehen und Radfahren an die Stauseen. Zu meinen Favoriten gehört dabei die Talsperre Zeulenroda. Bis vor wenigen Jahren war das idyllisch zwischen den Hügeln liegende, sich harmonisch in die Landschaft einfügende Gewässer noch Trinkwasserspeicher. 2012 erfolgte die Freigabe zum Baden, seither wird an der touristischen Infrastruktur gearbeitet. Ein Promenadenweg und ein Strandbad sind entstanden, an der Stauanlage waren Sanierungsarbeiten nötig. An einem der schönsten Orte am See liegt das Bio-Seehotel. Ein ehemaliges Ferienheim der DDR-Gewerkschaft FDGB hat ein weitsichtiger Unternehmer zum ersten Biohotel Thüringens umgebaut. Nicht nur der Strom wird klimafreundlich erzeugt, auch die verwendeten Lebensmittel in der Küche stammen aus Biobetrieben der Umgebung. Unzählige weitere Maßnahmen zeigen, wie das Team des Hauses der Verantwortung für Natur und Zukunft gerecht wird, das Hotel wurde inzwischen mehrfach ausgezeichnet. Ja, man fühlt sich aus verschiedenen Gründen wohl am Zeulenrodaer Meer.

Bio-Seehotel
Bauerfeindallee 1
07937 Zeulenroda-Triebes
036628 980
www.bio-seehotel-zeulenroda.de

Nicht nur der Strom wird klimafreundlich erzeugt …

■ Überall erfreuen schöne Details das Auge

Leben im Flächendenkmal

31

Für viele Chemnitzer ist der Kaßberg der schönste Bezirk der Stadt. Kein Wunder, dass in einer Stadt ohne Altstadt gern auf das Gründerzeitviertel, das zu den schönsten seiner Art in Deutschland gehört, verwiesen wird. Obwohl relativ zentrumsnah, begann seine Besiedlung erst in der zweiten Hälfte des 19. Jahrhunderts. Als immer mehr Fabrikschornsteine in den Himmel wuchsen, mit Industrialisierung und Wirtschaftsboom auch die Luftverschmutzung nicht mehr zu übersehen war, wurde der bis zu 30 Meter über Innenstadtniveau liegende kleine Berg zur bevorzugten Wohngegend. An den Rändern entstanden Fabriken, Verwaltungsbauten fanden zwischen den vier- oder fünfstöckigen Miethäusern Platz. Eine Besonderheit dabei, die Straßen wurden entweder parallel oder rechtwinklig dem Hanggefälle angelegt. Seit 1991 steht das Stadtviertel als Flächendenkmal unter Schutz. Heute hat sich der Kaßberg mit seinen sanierten Häusern zu einem der lebendigsten Stadtteile entwickelt. Man trifft hier viele junge Menschen, Kneipen, Galerien und mittelständische Unternehmen sorgen für ein Nebeneinander von Wohn- und Arbeitsbereichen. Die ältesten Baumaßnahmen am Kaßberg fanden aber bereits im 16. Jahrhundert statt. Damals errichtete man am Hang eine Reihe von Bierkellern. In den Gängen im Berg konnten die Getränkevorräte der Wirte gut temperiert lagern. Der „Chemnitzer Gewölbegänge e. V." kümmert sich heute um deren Erhaltung und bietet Führungen durch einen Teil der Gänge an bzw. organisiert Veranstaltungen an diesem besonderen Ort.

Chemnitzer Gewölbegänge e. V.
Fabrikstraße 6
09130 Chemnitz
0371 3346056
www.chemnitzer-gewoelbegaenge.de

> Kneipen, Galerien und mittelständische Unternehmen sorgen für ein Nebeneinander von Wohn- und Arbeitsbereichen.

■ „Reise" um die Welt …

■ … und zum Saturn

Weltreise an einem Tag

Ein wenig erinnert es an einen Landeanflug im Ferienflieger, wenn man auf der B 173 zwischen Zwickau und Chemnitz in der Ortslage Lichtenstein die kleinen Bauwerke am Hang stehen sieht. Nähert man sich dem Park und passiert den Kassenbereich, kommt man aus dem Staunen nicht mehr heraus. Circa 180 Modelle von weltbekannten Bauwerken sollen hier einmal auf 60.000 Quadratmetern stehen, noch wächst der Park, und so unternehmen nicht wenige Familien aus der Region mindestens einmal jährlich einen Spaziergang – Pardon: eine Weltreise, um zu sehen, was Neues hinzugekommen ist. Alle Modelle sind im Maßstab 1:25 gebaut. Damit lassen sich gute Größenvergleiche anstellen. Der Berliner Fernsehturm ragt somit 14,60 Meter in den Lichtensteiner Himmel, die Göltzschtalbrücke ist knapp 23 Meter lang, die Pyramide von Gizeh nimmt sogar rund 84 Quadratmeter ein und hat ein Gewicht von zehn Tonnen. In der Schauwerkstatt bekommt man einen Eindruck von der teilweise filigranen Bastelarbeit. Die detailgetreue Ausführung braucht natürlich Zeit: Am Taj Mahal zum Beispiel wurde 36 Monate gewerkelt. Einige Modelle können sogar per Knopfdruck zum Leben erweckt werden: Im Dom zu Speyer oder im Schiefen Turm von Pisa läuten Glocken, die Wuppertaler Schwebebahn schwebt über dem Boden. Wem die Weltreise nicht genügt, der reist einfach weiter zu den Sternen. Nebenan gibt es den „Minikosmos", dort ermöglicht modernste Projektionstechnik die perfekte Illusion für die Reise durch das Sonnensystem.

Miniwelt Sachsen
Chemnitzer Straße 43
09350 Lichtenstein
037204 72255
www.miniwelt.de

Im Dom zu Speyer oder im Schiefen Turm von Pisa läuten Glocken, die Wuppertaler Schwebebahn schwebt über dem Boden.

Mit sozialistischem Realismus verziert

Ohne Rücksicht auf Verluste

33

Für die Menschen in Schneeberg, Schlema und Ronneburg war es lange Zeit nicht einfach, die Umgebung ihrer Orte zu lieben. Hier und in den anderen Uranfördergebieten des sächsisch-böhmischen Berglandes waren die kahlen Abraumhalden als Symbol einer die Umwelt vernichtenden, rücksichtslosen Erzförderung sichtbar. Erinnern wir uns: Uran – ein deutscher Apotheker fand das Element in Material aus Johanngeorgenstadt. Etwa 100 Jahre später, an der Schwelle zum 20. Jahrhundert entdeckte Marie Curie das Element Radon, welches beim Zerfall von Uran entsteht, sowie die Radioaktivität. Lange Zeit wusste man nichts von deren Gefährlichkeit, nutzte ausschließlich die gering dosierten Strahlen zu Heilzwecken. Ab 1938, nach der Entdeckung der Kernspaltung, wurden Pläne zur Entwicklung der Atombombe vorangetrieben. Plötzlich hatte Uran sprunghaft an Wert gewonnen. Klar kam es den Sowjets da nicht ungelegen, dass das Erzgebirge nach dem Krieg zu ihrer Besatzungszone gehörte. Mit Hochdruck förderte die von Moskau gesteuerte SDAG (Sowjetisch-Deutsche-Aktien-Gesellschaft) Wismut das begehrte uranhaltige Erz aus den Lagerstätten. Das gesamte Ausmaß der Umweltzerstörung wurde erst nach der politischen Wende bekannt, was danach an Sanierungsarbeit geleistet wurde, ist beispielhaft. Und gerade weil heute die Spuren beseitigt wurden, sind Ausstellungen wie die vom Traditionsverband Uranbergbau in Bad Schlema eine gute Gelegenheit, die Region, die Menschen und deren Geschichte wirklich zu verstehen.

Traditionsstätte Sächsisch-Thüringischer Uranerzbergbau
Bergstraße 22
08301 Bad Schlema
03771 290223
www.uranerzbergbau.de

Lange Zeit wusste man nichts von deren Gefährlichkeit …

■ Oase der Erholung: der Schloßteich

■ Ort der Einkehr: die „Schloßmühle"

# An den Wurzeln von Chemnitz

34

Am Wochenende zieht es die Chemnitzer häufig in ihre grüne Oase nach Schloßchemnitz. Hier auf dem Schloßberg wurde 1136 ein Benediktinerkloster gestiftet, damit begann gleichzeitig die Geschichte der Stadt. Nach dessen Auflösung vier Jahrhunderte später infolge der Reformation fiel das Gelände an den sächsischen Hof. In den Gebäuden wurden Verwaltungsämter und ein Jagdschloss untergebracht. Die Wurzeln der Schloßkirche reichen ebenfalls bis ins 12. Jahrhundert zurück, nach mehreren Umbauten erhielt sie ihr heutiges Aussehen. Den etwas schlichten Dachabschluss des Kirchturms brachte man nach Bombenschäden im Zweiten Weltkrieg an. Heute findet man auf dem Schloßberg das Stadtmuseum mit einigen interessanten Exponaten zur frühen Geschichte der Stadt. Seit dem 18. Jahrhundert kamen die Chemnitzer zu Ausflügen hierher. In der Gründerzeit galt der Bereich am Schloßteich – dieser wurde einst als Fischteich zur Versorgung des Klosters angelegt – als das Erholungsgebiet für die Arbeiter aus den Fabriken. Ähnlich wie im ebenfalls von der Stadt angekauften Küchwald kann man hier in der Parklandschaft wundervolle Spaziergänge unternehmen. Im Sommer hat ein Bootsverleih geöffnet, in Wintern mit langen Frostphasen dient der Schloßteich als Eislauffläche für die Chemnitzer. Am Fuße des Schloßberges klapperte bis zum Ende des 19. Jahrhunderts die Schloßmühle. Heute kann man hier im Café „Schloßmühle" seinen Spaziergang bei einer Tasse Kaffee ausklingen und die Geschichte des Ortes auf sich wirken lassen.

Gasthaus „An der Schloßmühle"
Schloßberg 3
09113 Chemnitz
0371 3352533
www.gasthaus-schlossmuehle.de

Seit dem 18. Jahrhundert kamen die Chemnitzer zu Ausflügen hierher.

■ Mehr als 1.000 Meter über dem Meeresspiegel: der Auersberg

■ Natur pur – relativ schneesicher

Landschaftliche Reize

Für viele Erzgebirgler zählt das Gebiet um den Auersberg zu den landschaftlich schönsten Teilen ihrer Heimat. Die ausgedehnten Wälder zwischen Eibenstock, Carlsfeld und Johanngeorgenstadt laden zum Wandern ein und halten reizvolle Ausflugsziele bereit. Da wäre zunächst erst einmal der Auersberg selbst zu nennen, mit 1.019 Metern der zweithöchste Berg Sachsens. Einst bliesen Adlige hier zur Jagd auf Hirsch und Auerhahn, bereits 1860 bekam der Berg einen Aussichtsturm, den ersten im Erzgebirge. Der Turm diente allerdings vorrangig der Waldbrandüberwachung und als Messpunkt für die Geografen. Der Erzgebirgsverein hatte den Anstoß gegeben für das Berghotel, welches 1907 eröffnet werden konnte. Heute betreibt die Deutsche Flugsicherung nahe dem Gipfel eine einst von der Stasi errichtete Radaranlage zur Überwachung des Flugverkehrs in Deutschland. Im Berghotel kamen und gingen im Laufe der Jahre die Betreiber, mal war geöffnet und mal war geschlossen – Grund genug, einen Blick auf die Umgebung zu werfen. In Sosa wird bis heute das Köhlerhandwerk betrieben. Die Herstellung des in Argentinien allgegenwärtigen Bandonions kann man in Carlsfeld miterleben. Oder man unternimmt eine Wanderung nach Blauenthal. Der Wasserfall im Ort, übrigens künstlich angelegt, ist der größte in Sachsen. Kletterer zieht es nach Erlabrunn, am dortigen Nonnenfelsen können entsprechend ausgerüstete Wagemutige ihre Höhenangst überwinden. Kurz: Es findet jeder ein passendes Wanderziel in der waldreichen Gegend um den Auersberg.

www.am-auersberg.de

Bereits 1860 bekam der Berg einen Aussichtsturm, den ersten im Erzgebirge.

■ Hier nahmen schon einige Generationen ihr Bad

Das Bad für Ästheten

36

Jeder zweite Zwickauer soll hier schwimmen gelernt haben, erwähnte der damalige Baubürgermeister Dietmar Vettermann bei der Wiedereröffnung des frisch restaurierten Jugendstilbades im Jahre 2000. Als ich im Knabenalter hier unter den wachsamen Augen des Schwimmlehrers im Schulunterricht meine Bahnen absolvierte, verbreitete eine schmucklose Zwischendecke düstere Atmosphäre, waren die hölzernen Umkleidekabinen ramponiert und die sanitären Anlagen in einem bedenklichen Zustand. Samuel Friedrich Julius Schlobig, Arzt in der Stadt, ließ ab 1869 aus eigenen finanziellen Mitteln Badehaus und Behandlungsstätten errichten. Vor Ort an der „Muldenaue" in der Nordvorstadt bestanden bereits gesundheitliche Einrichtungen, wie zum Beispiel das Militärhospital und spätere Stadtkrankenhaus. Als Architekt konnte Gotthilf Ludwig Möckel, bekannt durch zahlreiche Kirchenbauten, die Errichtung des „Ständehauses" in Rostock und die Restaurierung des Doberaner Münsters, gewonnen werden. Anfangs diente das Johannisbad ausschließlich medizinischen und hygienischen Zwecken. Junggeselle Schlobig jedoch verfügte, sein Vermögen in einen Erweiterungsbau, der heutigen Schwimmhalle, anzulegen. Heute präsentiert sich das Bad in alter Schönheit, die Klinkerfassade hat ihren grauen Schleier abgelegt, drinnen am Schwimmbecken glänzen Messingteile. Kunstvolle Fliesen und detailliert geformte Bachsteinelemente lassen das Schwimmen fast zur Nebensache werden. Die Zwickauer sind zu Recht stolz auf ihr architektonisches Kleinod.

Johannisbad Zwickau
Johannisstraße 16
08056 Zwickau
0375 272560
www.johannisbad.de

Anfangs diente das Johannisbad ausschließlich medizinischen und hygienischen Zwecken.

- Ein Grund, Ronneburg zu besuchen: die „Neue Landschaft"

- Auch Gera hat Orte der Erholung

Das Erbe der Gartenschau

37

Nach Ronneburg, der Kleinstadt östlich von Gera, wäre aus touristischen Gründen in den 1980er-Jahren kaum jemand gefahren. Die Zerstörung der Landschaft durch die Uranförderung war offensichtlich, die vier großen Spitzkegelhalden weithin sichtbar. Am Ende der Ära des Bergbaus stand man vor der riesigen Herausforderung, die Schäden an der Landschaft zu sanieren. Auf einem Teil der Flächen wurde im Rahmen der Bundesgartenschau 2007 die „Neue Landschaft Ronneburg" geschaffen. Sanfte grüne Hügel erstrecken sich, wo einst das Grau der Abraumhalden dominierte. Die Buga ist längst vorbei, der Landschaftspark blieb. Den Mittelpunkt des Geländes stellt der sogenannte „Ronneburger Balkon" mit einer Freilichtbühne dar. Ein schöner Rosengarten erfreut im Sommer das Auge. Europas größte Spannbandbrücke, der 225 Meter lange Drachenschwanz, überspannt das Gessental. Heute ein beliebter Rad- und Spazierweg, verband das Tal die beiden Ausstellungsbereiche der Gartenschau, die „Neue Landschaft Ronneburg" und den Hofwiesenpark in Gera. Letzterer, gelegen zwischen Stadtzentrum und Untermhaus, steht heute den Geraern als Erholungsfläche sowie als Raum für Feste und Veranstaltungen zur Verfügung. Hier gehen die Kleinsten auf dem Spielplatz ihrem Bewegungsdrang nach, während die Eltern relaxen, hier entspannt die stressgeplagte Großstadtseele beim Spaziergang, hier beweisen Minigolfer ihr Geschick. Erfreulich: Die Bundesgartenschau 2007 war also doch ein Geschenk mit Langzeitwirkung für die Region.

Neue Landschaft Ronneburg
07580 Ronneburg
Hofwiesenpark
07548 Gera

Europas größte Spannbandbrücke, der 225 Meter lange Drachenschwanz, überspannt das Gessental.

■ Symbole der deutsch-deutschen Teilung …

■ … und deren gewaltsamer Verteidigung

Little Berlin

38

Der vogtländische Ort Mödlareuth ist in die Weltgeschichte eingegangen. Gerade einmal um die 50 Einwohner leben hier, der Ort ist nach wie vor geteilt in eine thüringische und eine bayerische Hälfte, Postleitzahlen und Telefonnummern unterscheiden sich und die Verwaltung wird von verschiedenen Rathäusern organisiert. Angefangen hat alles ganz harmlos im Jahre 1810. Der durch Mödlareuth fließende Tannbach, ein unscheinbarer Dorfbach, wird per Verwaltungsakt zur Grenze zwischen dem Königreich Bayern und dem Fürstentum Reuß jüngerer Linie erklärt. Nach 1945 gehörte Bayern zur amerikanischen, das mittlerweile Teil Thüringens gewordene Fürstentum dagegen zur sowjetischen Besatzungszone. Für Jahrzehnte verläuft die innerdeutsche Grenze mitten durch den Ort. Anfangs nur durch einen Zaun getrennt, begannen die DDR-Grenztruppen die Sperranlagen immer weiter auszubauen. Höhepunkt des Irrsinns war eine Mitte der 1960er-Jahre errichtete 700 Meter lange und rund 3,30 Meter hohe Betonmauer, sozusagen eine kleine Kopie der Berliner Mauer. Inzwischen ist die deutsche Teilung längst Geschichte, in Mödlareuth bestimmt wieder Normalität den Alltag. Viele Besucher, darunter Schulklassen, informieren sich hier in einer Ausstellung u. a. über die von den DDR-Behörden verfügten Zwangsaussiedlungen aus dem „Schutzstreifen" unmittelbar hinter der Grenze. Neben einem Teil der ehemaligen Mauer wurde ein Stück der für die innerdeutsche Grenze typischen Sperranlagen nachgebaut. Deutsch-deutsche Geschichte wird hier berührend lebendig.

Deutsch-deutsches Museum Mödlareuth
Mödlareuth 13
95183 Töpen
09295 133
www.museum-moedlareuth.de

Der durch Mödlareuth fließende Tannbach, ein unscheinbarer Dorfbach, wird per Verwaltungsakt zur Grenze …

Putzige Gefährten

Lamas im Erzgebirge

Eigentlich sind Lamas in der Bergwelt Südamerikas beheimatet, nur dort leben die Tiere in freier Wildbahn. Biologisch gehören sie zur Familie der Kamele, sie zeichnen sich durch ihren sanften Charakter aus. Freundlich, neugierig und dennoch zurückhaltend, können die Tiere gute Begleiter des Menschen sein. Ein Spaziergang mit einem Lama an der Leine hat – so seltsam das auch klingen mag – eine heilsame Wirkung. Den Tieren werden soziale Kompetenzen zugeschrieben, auf ängstliche Menschen reagieren sie zurückhaltend, zu eher aufgeschlossenen Menschen dagegen suchen sie direkten Zugang. Daher eignen sich artgerecht gehaltene Lamas zur Therapie bei psychischen Erkrankungen oder für Menschen mit Behinderungen. Aber auch der Erholungswert des Lama-Trekkings darf nicht unterschätzt werden. In der bewussten Auseinandersetzung mit dem Tier, im Eingehen auf den besonderen Charakter des jeweiligen Lamas während des Aufenthaltes in freier Natur werden Sinne und Bewusstsein geschärft für ein Leben im Einklang mit der Umwelt. Bis nach Südamerika muss keiner reisen, in der Lama-Ranch des „Feriendorfes Pobershau" im Erzgebirge ist der Kontakt zu den Tieren in schöner Umgebung möglich. Nicht nur bei Kindern sind die Touren durch Wiesen und Wälder beliebt, auch aus den verschiedensten Gründen stressgeplagte Seelen finden hier Erholung und Entspannung mit den vier Lamas unterschiedlichen Alters und Charakters. Auf jeden Fall ist Lama-Trekking eine interessante Erfahrung, mit dem Hund kann schließlich jeder spazieren gehen.

Lama-Ranch und Feriendorf Heidrun und Gunter Arnold
Hinterer Grund 17 b
09496 Pobershau
03735 23586
www.lama-ranch.de

> **Den Tieren werden soziale Kompetenzen zugeschrieben …**

■ Lokomotiven aller Art …

■ … zogen Eisenbahnfreunde schon immer in ihren Bann

Faszination Eisenbahn

40

Man wird den Eindruck nicht los, dass die Region gegenwärtig für die Bahn nicht von höchster Wichtigkeit ist. Gera, eine Stadt mit fast 100.000 Einwohnern, verfügt nicht einmal über einen zweigleisigen Bahnanschluss, der Ausbau der Strecke Dresden–Nürnberg wird zum Dauerthema, Nebenstrecken werden infrage gestellt und um Chemnitz mit seiner knappen Viertelmillion Menschen macht der schnelle Fernverkehr einen großen Bogen. Einzig der Anschluss der Region Zwickau an das S-Bahn-Mitteldeutschland-Netz gibt Anlass zur Hoffnung. Anders sah es am Beginn des 20. Jahrhunderts aus: Die Richard-Hartmann-AG aus Chemnitz lieferte Dampflokomotiven in alle Welt, in Hilbersdorf entsteht einer der größten Rangierbahnhöfe Deutschlands. Der wird heute in Zeiten sinkenden Gütertransports auf der Schiene in diesem Umfang nicht mehr benötigt, in einem Teil, dem Bahnbetriebswerk für Güterzuglokomotiven, hat jetzt das Sächsische Eisenbahnmuseum sein Domizil. Eisenbahnfreunde treffen sich hier, besuchen die Fahrzeugschau, fachsimpeln zwischen den alten Dampf- und Dieselloks. Der Verein „Sächsisches Eisenbahnmuseum e.V." organisiert Veranstaltungen, vom Feldbahntreffen – eine eigene Museumsanlage mit betriebsbereiter Strecke erinnert an deren einstige Bedeutung – bis zum Heizhausfest. Regelmäßig finden Sonderfahrten mit historischen Fahrzeugen statt, Gelegenheiten für Fans, ihre Lieblingslok mit Dampffahne vor besonders schönen Landschaftsmotiven in Aktion zu knipsen und einen Tag mit Gleichgesinnten zu verbringen.

Sächsisches Eisenbahnmuseum e.V.
An der Dresdner Bahnlinie 130 c
09131 Chemnitz
0371 4932765
www.sem-chemnitz.de

Regelmäßig finden Sonderfahrten mit historischen Fahrzeugen statt.

▪ Man kann den Duft fast spüren

▪ So vielfältig kann Bio sein

Bio-Erlebnisse

Bio ist im Trend. Gerade nach den Lebensmittelskandalen vergangener Jahre hat sich bei vielen Menschen, auch im Erzgebirge und Vogtland, das Bewusstsein für gesundes, von Schadstoffen unbelastetes Essen geschärft. Sind heute Bio-Lebensmittel schon in den Supermärkten allgegenwärtig, war das 1992, als Armin und Silke Lucht nach Uhlsdorf kamen, noch anders. Der Guidohof – so genannt von den Uhlsdorfern nach dem Namen des Vorbesitzers – war sanierungsbedürftig und es gehörte für die Luchts eine Menge Optimismus und Arbeitsstunden dazu, um ihn zu ihrem Zuhause zu machen. Dem Ziel, einem Ökohof, kam man in kleinen Schritten näher, die Anbaufläche wurde durch Zukäufe vergrößert, Tiere angeschafft und die Vermarktung nach und nach aufgebaut. Heute gibt es auf dem Hof Kühe, Pferde, Sattelschweine, Enten und Gänse, die Gebäude entsprechen den Erfordernissen moderner Landwirtschaft, auf einer neu errichteten Lagerhalle sorgt eine Fotovoltaikanlage für Ökostrom. Die Angestellten arbeiten Hand in Hand mit Azubis und Praktikanten. Frisches Brot kommt aus dem eigenen Backofen, das Mehl dazu stammt von selbst angebautem Getreide. Eingekauft werden kann nicht nur im Hofladen vor Ort, sondern auch im Onlineshop. Die beste Möglichkeit aber, sich über das Lebenswerk und die Philosophie von Familie Lucht zu informieren, bietet neben den Hofführungen jeden zweiten Samstag im Monat (10 bis 12 Uhr) das jährliche Hoffest im September – ein fester Termin im Kalender der Bio-Bewussten der Region.

Guidohof
Am Ullersberg 31
09212 Limbach-
Oberfrohna/Uhlsdorf
037609 5433
www.guidohof.com

> Dem Ziel, einem Ökohof, kam man in kleinen Schritten näher ...

■ Im Grunde auch nur „Stein auf Stein"

■ Aus jedem Winkel betrachtet gigantisch

Rekord aus Ziegeln

Göltzschtalbrücke
08499 Mylau

„Schaut an, schaut an das Meisterstück, das achte Weltwunder: die Göltzschtalbrück!" So begann der Weihespruch, welcher am 14. September 1850 aus Anlass der Schlusssteinlegung unter Anwesenheit von König Friedrich August II. die Bedeutung des Augenblicks nahebringen sollte. Ein gigantisches Bauwerk ist sie schon, die größte Ziegelbrücke der Welt, die Zahlen lassen heute noch staunen. Fünf Jahre haben 1.736 Arbeiter an der 78 Meter hohen und 574 Meter langen Eisenbahnbrücke gebaut, 30 davon sind tödlich verunglückt. Über 26 Millionen Ziegel und mehr als 17.000 Kubikmeter Sand verbrauchte man. Etwa 20 Ziegeleien in der Nähe brannten aus dem lehmhaltigen Boden der Region täglich 50.000 Ziegel – das sparte Kosten. Johann Andreas Schubert, Bauingenieur, Direktor der technischen Bildungsanstalt in Dresden und Schöpfer der „Saxonia", des ersten Triebfahrzeuges aus Deutschland, entwarf die Brücke, stellte dabei erstmals umfangreiche statische Berechnungen an. Eisenbahnen fuhren in Deutschland damals erst seit rund zwei Jahrzehnten, Erfahrungen im Bau von Bahnbrücken gab es nicht viele. Erst die Göltzschtalbrücke ermöglichte die Vollendung der wichtigen Eisenbahnstrecke von Sachsen nach Bayern. Nach ihrer Fertigstellung war es die höchste Eisenbahnbrücke überhaupt. Heute gibt es im Tal ein Festgelände, im Sommerhalbjahr finden gelegentlich Veranstaltungen vor dieser stimmungsvollen Kulisse statt. Nun, ein Weltwunder ist sie nicht, beeindruckend anzuschauen ist die Göltzschtalbrücke aber nach wie vor.

> **Etwa 20 Ziegeleien in der Nähe brannten aus dem lehmhaltigen Boden der Region täglich 50.000 Ziegel.**

Das wohl schönste Schloss im Erzgebirge

Die Krone des Erzgebirges

Schloss Augustusburg
Schloss 1
09573 Augustusburg
037291 3800
www.die-sehens
werten-drei.de

Die Schellenburg war durch Brand und Blitzschlag schwer beschädigt, als Kurfürst August sie abreißen ließ, um an gleicher Stelle ab 1567 in nur vier Jahren Bauzeit Schloss Augustusburg zu errichten. Die wirtschaftliche Lage war hervorragend, ein repräsentatives Jagdschloss sollte entstehen, also sprach nichts gegen diesen aufwendigen Bau. Hieronymus Lotter, Bürgermeister von Leipzig und vermutlich dort am Umbau des dortigen alten Rathauses beteiligt, übernahm das Amt des Oberbaumeisters. Klare Strukturen, ein geordnetes, geometrisch nachvollziehbares Raumkonzept charakterisieren den Stil der Zeit. Heute wird das Renaissanceschloss – wegen seiner Lage auch „Krone des Erzgebirges" genannt – als Museum genutzt. Eine Jagdtier- und eine Vogelkundeausstellung finden neben einem Kutschenmuseum und dem bekannten Motorradmuseum hier Platz. Zur Übernachtung lädt eine Jugendherberge ein, gastronomische Einrichtungen bieten fürstliche Tafelfreuden. Eine Falknerei zeigt regelmäßig Schauvorführungen mit den abgerichteten Greifvögeln. Gut besucht sind die Veranstaltungen mit musikalischen Darbietungen in den Räumen des Schlosses, im Schlosshof finden sich alljährlich Motorradfahrer zum Wintertreffen ein. Etwa 150 Paare pro Jahr nutzen die Möglichkeit zur Trauung auf dem Schloss. Eine reizvolle Alternative zum Aufstieg ist übrigens die Fahrt mit der 1911 eröffneten Drahtseilbahn. Das Wichtigste aber: In einem Moment der Ruhe sollte man den Blick von hier oben in die Ferne schweifen lassen, so wie einst die Kurfürsten …

> Klare Strukturen, ein geordnetes, geometrisch nachvollziehbares Raumkonzept charakterisieren den Stil der Zeit.

Vom Zunfthaus zum Theater

Theater Plauen-Zwickau
Theater Zwickau
Gewandhausstraße 7
08056 Zwickau
0375 274114630
www.theater-plauen-zwickau.de

Die Zwickauer Tuchmacherinnung errichtete ab 1522 ein standesgemäßes Handelshaus, rund 300 Jahre hielten die Angehörigen der Zunft hier ihre Verkaufsschauen und Messen ab. 1823 fand im Haus die erste Theatervorstellung statt, der damals 13-jährige Robert Schumann war begeistert von der Aufführung des „Freischütz". Regelmäßig zogen Bauleute ins Haus; da Geld für einen Neubau fehlte, wurde die eigentlich nur als Übergang geplante Spielstätte immer wieder umgebaut. Sparzwänge führten 2000 zu einer Fusion der Theater Zwickau und Plauen. Ein attraktives Mehrspartenhaus blieb erhalten – vom Neubau in Zwickau spricht freilich längst keiner mehr.

■ Kultur und Politik (Theater und Rathaus) am Hauptmarkt

Meisterwerke in Holz

Seine Arbeit in Führungspositionen bei Siemens führte den gebürtigen Hamburger Peter Daetz in verschiedene Teile der Welt, zu fremden Kulturen. Im Ruhestand verschrieb sich der Manager dem Gemeinwohl, gründete mit seiner Frau Marlene 1998 eine Stiftung. Kontakte wurden genutzt, um Holzkunstwerke aus rund 35 Ländern zusammenzutragen, die beeindruckende Sammlung wird seit 2001 im nicht weniger beeindruckenden Schlosspalais Lichtenstein präsentiert. **Künstler haben Motive der Kultur ihrer Völker in exotische Hölzer gearbeitet.** Ein Besuch der Ausstellung gleicht einer Reise um die Welt.

Daetz Centrum Lichtenstein
Schlossallee 2
09350 Lichtenstein
037204 585858
www.daetz-centrum.de

Schnitzereien vom „Schwarzen Kontinent"

46 Bahn auf dem Berg

Gaststätte „Kuhbergbaude"
Kuhbergbaude 1
08491 Netzschkau/
OT Brockau
03765 34125
www.kuhberg-netzschkau.de

Es ist wirklich keine Gewalttour, eher ein entspannter Aufstieg auf den 511 Meter hohen Kuhberg bei Netzschkau. Vom 21 Meter hohen Aussichtsturm auf dem Gipfel entschädigt ein schöner Rundblick fürs Treppensteigen. Belohnen kann man sich auch mit einer Einkehr ins Gasthaus. Aber das Highlight befindet sich davor: **Auf rund 500 Quadratmetern drehen 30 Züge im Maßstab 1:22,5 ihre Runden.** Kinderaugen leuchten und viele Männer werden wieder zum Knaben, wenn die Lokomotiven auf den beiden faszinierenden Gartenmodellbahnen kreisen und mit entsprechendem Sound und Dampf eine typische Atmosphäre schaffen.

■ Hier werden manche Männer wieder zu Kindern

Erlebnisse für alle Sinne

Das Kohrener Land, eine Region mit einer Töpfertradition, ist schon allein einen Besuch wert. Kohren-Sahlis mit seinen knapp 3.000 Einwohnern liegt herausgeputzt rund zehn Kilometer östlich von Altenburg inmitten von Wäldern und Wiesen. Der „Irrgarten der Sinne" hier, ein Ort der Entspannung, verspricht ein besonderes Abenteuer. **Ein Heckenlabyrinth kann schon mal den geplanten Tagesablauf durcheinanderbringen.** Daneben gibt es viele Angebote mit Aha-Erlebnissen, spielerisch die Sinne zu schulen, die bewusste Wahrnehmung zu schärfen. Kindern macht es besonders Spaß, aber auch Erwachsene schätzen sich mitunter falsch ein.

Irrgarten der Sinne
Rüdigsdorf 37 d
04655 Kohren-Sahlis
034344 66966
www.irrgarten-der-sinne.de

Der Weg durch das Heckenlabyrinth erfordert Geduld

48 Schwarze Kunst

Buchdruckerei-Museum Burkhardtsdorf
Untere Hauptstraße 11
09325 Burkhardtsdorf
03721 85130
www.buchdruckereimuseum-burkhardtsdorf.de

Beim Betrachten der alten Handpresse und den Arbeitsplätzen der Bleisetzer könnte man meinen, im Jahr 1888 gelandet zu sein. Damals kauften zwei Geschäftsleute aus Olbernhau die kleine Buchdruckerei, um fortan bis 1941 die „Burkhardtsdorfer Zeitung" herauszugeben. Mit einer Pause im Zweiten Weltkrieg rumpelt die Druckpresse, **kleinere Aufträge halten den Betrieb bis 1992 am Laufen**. Dem Geschichts- und Kunstverein Burkhardtsdorf e.V. ist der Umbau zu einem Museum zu verdanken, hier ist eine Reise in die Historie einer sich rasant wandelnden Branche möglich. Keine Ahnung jedoch, wie lange es gedauert hätte, vorliegendes Buch im Haus zu drucken.

■ Das Blei aus dem Setzkasten hat mehr bewegt als das aus der Flinte

Spätmittelalterliche Wohnhäuser

49

Sie zählen zu den ältesten erhaltenen Wohngebäuden Deutschlands, die vier zweigeschossigen Häuser am Fuße der Zwickauer Marienkirche. Fachleute haben bei den aufwendigen Sanierungsarbeiten im Deckengebälk des Hauses Domhof 7 einen Hinweis auf das Jahr 1264 entdeckt. Genutzt werden die Häuser museal, *eine Dauerausstellung informiert über die Stadt- und Kulturgeschichte des 15./16. Jahrhunderts*, weiterhin werden wechselnde Sonderschauen gezeigt. In der „Ersten Zwickauer Gasthausbrauerei" im Gebäude Domhof 5 bietet sich Gelegenheit, die Eindrücke der Ausstellung in angemessener Atmosphäre wirken zu lassen.

Priesterhäuser Zwickau
Domhof 5–8
08056 Zwickau
0375 834551
www.priester
haeuser.de

Das ganz alte Zwickau

50 Ton-Vielfalt

Heyde-Keramik Töpferei und Café
Chemnitzer Straße 61
09387 Jahnsdorf
03721 22017
www.heyde-keramik.de

Wie geschickte Hände aus einem Tonklumpen mittels einer rotierenden Töpferscheibe kleine Kunstwerke formen, wie die getrockneten und gebrannten Gefäße schließlich ihre dekorative Bemalung erhalten, kann bei Heyde-Keramik in Jahnsdorf direkt miterlebt werden. **Besonders Kinder lieben es, selbst kreativ zu werden**, für sie gibt es regelmäßig Angebote zum Mitmachen. Die Erwachsenen schauen inzwischen lieber den Profis zu, genießen im Café einen Eisbecher oder erwerben Schönes und Nützliches aus den Werkstätten. Etwa einmal monatlich steht ein Wochenende im Zeichen einer besonderen Kreativaktion.

■ Schwieriger als es scheint

Die Riviera der Erzgebirgler

Es soll eine der ältesten Talsperren Deutschlands sein, bereits Ende des 14. Jahrhunderts wurde der Greifenbach erstmals an dieser Stelle angestaut. Das Wasser benötigte man für den nahen Bergbau, ähnlich wie bei dem aus dem gleichen Grunde entstandenen Filzteich in Schneeberg. Heute dient der seitdem mehrfach vergrößerte Stausee der Naherholung, der Campingplatz vor Ort ist gut frequentiert. Am Badestrand ist es selbst an heißen Sommertagen relativ kühl, der Wald spendet Schatten. Dem Schwimmvergnügen steht nichts im Wege, vorausgesetzt, man hat die münzhungrigen Automaten am Parkplatz und an der Liegewiese gefüttert.

Campingpark Greifensteine
Thumer Straße 65
09468 Geyer
037346 1303
www.greifenbachstauweiher.de

Nicht nur im Sommer reizvoll

52 Vom Reizen und Stechen

Altenburger Spielkartenladen
Markt 17
04600 Altenburg
03447 5128023
www.spielkartenladen.de

Richard Wagner war fasziniert vom Skat, hat dem Spiel sogar mit seiner selten gespielten Oper „Intermezzo" ein Denkmal gesetzt. Entwickelt wurde das aus dem „Schafskopf" hervorgegangene Spiel mit den 32 Karten in Altenburg, die thüringische Stadt wirbt nicht umsonst mit dem Beinamen „Skatstadt". Der Deutsche Skatverband, Wächter über die Regeln, hat seinen Sitz in der Stadt, ein ihm unterstelltes Skatgericht entscheidet über Streitigkeiten bei Turnieren. Am Markt hält ein Fachgeschäft für Freunde des Dreimannspiels eine anderswo nicht zu erlebende Vielfalt an Blättern sowie allerlei rund um das Thema bereit.

■ Hier gibt es so manche Rarität

Das Dorf der Kräutersammler

Etwa die Hälfte der Bockauer soll im 18. Jahrhundert Arzneimittel hergestellt oder damit gehandelt haben – Ärzte und Apotheker versuchten die Konkurrenz zu bekämpfen. **Kräuter und Wurzeln sammeln und zu Auszügen verarbeiten hat Tradition hier**, noch heute wetteifert man im Ort alljährlich um die prächtigste Angelicapflanze. Neben der Gesundheit kam dabei auch der Genuss in Form von Kräuterspirituosen nicht zu kurz. Zeitweise waren mehrere Dutzend Destillerien in Betrieb. Über die Methoden von einst informiert ein Museum, die Spezialitäten der Gegenwart können natürlich verkostet und käuflich erworben werden.

Erzgebirgische Destillerie und Liqueurmanufaktur
Zechenhausweg 6
08324 Bockau
03771 454121
www.bockauer-likoerfabrik.de

In Jahrhunderten perfektioniertes Handwerk

Wahrzeichen von Altenburg

Residenzschloss Altenburg
Schloss 2–4
04600 Altenburg
03447 512712
www.cms.residenz
schloss-altenburg.de

Heutige Amtsleiter würden entsprechende Bauanträge wahrscheinlich milde lächelnd vom Tisch fegen, das Altenburger Schloss wirkt in der Tat wie ein wild zusammengewürfelter Gebäudekomplex aus Stilen verschiedener Epochen. Rund tausend Jahre Bautätigkeit an Thüringens größter Schlossanlage tragen die Handschriften der unterschiedlichsten Architekten. Ausstellungen in den Räumen der mächtigen Anlage informieren neben der Kulturgeschichte auch über das Skatspiel. Die Fertigung von Spielkarten hat eine jahrhundertelange Tradition in der Stadt und geht zurück bis in die Zeit vor der Erfindung des Skats.

■ Thront wehrhaft über der Skatstadt

Soziokulturelles Zentrum

Eric Burdon und Konstantin Wecker waren schon da, Rio Reiser gab hier sein letztes öffentliches Konzert und Kabarettgrößen wie Dieter Hildebrandt oder Urban Priol standen auf der Bühne. Bekannt ist der jährliche „Folk-Herbst", eine Veranstaltungsreihe mit den Größen der Szene. Das Malzhaus, einst neben Mälzerei auch Luftschutzkeller, Lagerraum und DDR-Jugendklub, ist heute aus dem kulturellen Leben der Vogtlandstadt nicht wegzudenken. Ein eingetragener Verein hält die organisatorischen Fäden in der Hand, neben den Veranstaltungen aus Musik, Film und Kleinkunst sind im Haus u. a. der Schachklub und ein freies Theaterensemble aktiv.

Malzhaus Plauen e. V.
Alter Teich 7–9
08527 Plauen
03741 15320
www.malzhaus.de

On stage: The Hooters

Der Traum vom Fliegen

Wolfgang Uhlig
Rothenburger Luftsportverein e.V.
Friedensstraße 105a
02929 Rothenburg
0171 3331779
www.naturairlebnis.de

Fliegen bedeutet mehr als die Reise mit „Condor" zu den Stränden Mallorcas. Die wahre Faszination liegt wohl im Segelflug. Fast lautlos vom Wind getragen über die Landschaft gleiten, dabei neben dem Piloten aus den Cockpit-Fenstern schauen und den Wolken ganz nahe sein – ein Kindheitstraum wird wahr. **Häuser, Wälder, Straßen, Flüsse und Talsperren wirken von oben wie Spielzeugmodelle.** Von seinem bequemen Sitz aus kann man verfolgen, wie der Pilot den in Jahnsdorf bei Chemnitz stationierten Motorsegler startet und später in der Luft per Knopfdruck den Propeller abschaltet und in den Segelflugmodus wechselt. Vorsicht: Fliegen macht süchtig!

■ Bereit zum Abheben

Villa für Feinschmecker

Ein Fabrikant aus dem Ort mit dem nötigen Kleingeld errichtete für sich die prächtige Villa im Jahr 1923. Heute bietet Familie Wiesner im Haus Gourmetküche auf Spitzenniveau an. Traditionelle Küche des Erzgebirges und moderne Kochkunst mit vielfältigen, frischen Zutaten sind dabei keineswegs ein Widerspruch. **In der Region weiß man nicht nur die gastronomischen Höchstleistungen zu schätzen**, auch das wunderbare Ambiente der Räume ist bekannt. Übernachtungsmöglichkeiten im Haus laden ein, hier länger zu verweilen, die Gegend kennenzulernen und den kulinarischen Eindrücken landschaftliche hinzufügen.

Villa Theodor
Frankstraße 27
08344 Grünhain-Beierfeld
03774 15020
www.villa-theodor.de

Gehobener Genuss im Erzgebirge

58 In der Wurstküche

Globus SB-Warenhäuser
Gera, Zwickau, Weischlitz bei Plauen
www.globus.de

Um zu erfahren, wie Rostbratwurst, Wiener, Salami und Co. hergestellt werden, ist der „Gläserne Globus" eine gute Gelegenheit. Mehrmals jährlich werden die Führungen hinter die Kulissen des SB-Warenhauses veranstaltet. Die eigene Metzgerei steht dabei im Mittelpunkt, hier erlebt man hautnah, wie aus dem angelieferten Frischfleisch die Spezialitäten nach traditionellen regionalen Rezepten entstehen – Kostprobe inklusive. Außerdem sind im Haus regelmäßig Experten zu Gast, um interessante Vorträge zu Themen aus dem Bereich Nahrung und Genuss zu halten. Die Eintrittskarten zu diesen Terminen sind in der Region begehrt und schnell vergriffen.

■ Den Metzgern in den Wurstkessel geschaut

Vorwiegend unbeständig

Spötter nennen das Erzgebirge auch „Sächsisches Sibirien". **Wahr ist, dass es immer ein wenig kühler ist als anderswo.** Schnee fällt zur Freude der Wintersportler und zum Ärger der Autofahrer reichhaltiger und bleibt mancherorts nicht selten bis Ende März liegen. Danach geht es oft unbeständig weiter. Die Kids sehen es gelassen. Wenn wieder einmal etwas von der überdurchschnittlichen Regenmenge fällt, klettern und toben sie eben in der Halle. Rutschen, hüpfen, krabbeln – während die Jüngsten ihrem Bewegungsdrang hier nachgehen, relaxen die Eltern im Bistro. Schlechtes Wetter muss sich ja nicht auf die Stimmung auswirken.

Kids Arena Marienberg
Am Lautergrund 6
09496 Marienberg
03735 266344
www.kidsarena-marienberg.de

Macht Spaß und schafft Bewegung

60 Wohin der Wind uns trägt

Schoko-Ballonfahrten
Fedor-Flinzer-Straße 31
08468 Reichenbach
03765 69902
www.schokoweb.de

So viel habe ich gelernt: Flugzeuge sind schwerer als Luft, daher heißt es, sie *fliegen*. Leichtere, mit Gas oder Heißluft gefüllte Ballone dagegen *fahren*. Wissen sollte man auch, dass sich Ballone allein durch Veränderung der Flughöhe und dem damit verbundenen Eintritt in Winde aus anderen Richtungen steuern lassen. **Neben günstigem Wetter, vor allem wenig Wind, gehört noch viel Vertrauen auf die Erfahrung des Ballonfahrers dazu**, der sich seine Lizenz in einer umfangreichen Ausbildung erarbeiten musste. Während der Fahrt aber bieten sich dann atemberaubende Perspektiven auf Erzgebirge und Vogtland – ganz gleich, woher der Wind weht.

■ Tolle Perspektiven

Fürstliche Landschaftsarchitektur

Ursprünglich war es nur ein kleiner Küchengarten, den die Herrschaft vom Obergreizer Schloss um 1650 anlegen ließ. Mehrfach von Hochwassern heimgesucht und danach umgestaltet und erweitert, erhielt der Park ab 1873 seine heutige Form. **In der rund 42 Hektar großen Anlage im englischen Stil finden sich zum Teil seltene Gehölze** sowie zahlreiche Vogelarten. Die Aussichtspunkte erlauben reizvolle Blicke, lassen die gestalterische Einheit von Park und Schlossberg erkennen. Gern flanieren die Greizer um den Teich, auf dem Enten und Schwäne dahingleiten, suchen Entspannung und erleben den Park im Wandel der Jahreszeiten wie einst die Grafen von Reuß.

www.greizer-park.de
www.greiz.de

Parklandschaft mit Schlossblick

62 Höhlen von Menschenhand

Felsendome Rabenstein
Weg nach dem Kalkwerk 4
09117 Chemnitz
0371 8080037
www.felsendome.de

Über 500 Jahre war das Kalkwerk im heutigen Chemnitzer Stadtteil Niederrabenstein in Betrieb. **Seit 1936 können sich Besucher vom Zauber der Tropfsteinwelt gefangen nehmen lassen**, der Gefangenenchor aus Nabucco vom Tonträger verdeutlicht dabei übrigens die besondere Akustik. Die Stalagmiten und Stalaktiten – den Unterschied bekommt man mit hoher Wahrscheinlichkeit auf dem rund 700 Meter langen 40-minütigen Rundgang erklärt – sind noch relativ klein. Die kühlen Grotten mit ihren verschiedenen Gesteinen und den kleinen Seen bieten effektvolle Anblicke. In einigen Stollen ist Höhlentauchen möglich, ein nicht alltägliches Erlebnis.

■ Hier geht's lang!

Grenz-Erfahrung

Ursprünglich verlief der Kammweg am Anfang des vorigen Jahrhunderts von Asch über das Erzgebirge, das Lausitzer Bergland und das Riesengebirge zu großen Teilen über tschechisches Gebiet. Der heute ausgeschilderte Weg dagegen befindet sich ausschließlich in Deutschland, ist rund 290 Kilometer lang und führt von Geising über die Höhen von Erzgebirge und Vogtland bis nach Blankenstein an der Saale. Da knapp die Hälfte der Strecke über naturbelassene Wege führt, ist die Strecke von Mai bis Oktober nicht nur bei Wanderern beliebt, auch Mountainbiker freuen sich über die idealen Bedingungen für ihre Sportart – und über die Landschaft.

www.kammweg.de

Einer von vielen schönen Orten zur Rast

Kräfte aus der Natur

Wellness Hotel, Pension und Gasthaus Riedel

Annaberger Straße 81
09484 Oberwiesenthal
037348 7225
www.pension-riedel.de

Etwa acht Stunden sollte man schon einplanen, dafür erfährt man auf der Wanderung mit Kräuterkönigin Uta Riedel jede Menge Wissenswertes. **Wer weiß schon von der entzündungshemmenden Wirkung der Gänseblümchen** oder dass Bärlauch den Cholesterinspiegel senkt? Und wer erkennt überhaupt Frauenmantel und Spitzwegerich? Von Mai bis Oktober finden die informativen Kräuterwanderungen durch das Naturschutzgebiet Zechengrund statt. Zudem finden sich auf der Speisekarte des Hauses kreative Ideen rund um das Thema Kräuter und spätestens ein Selbstgebrannter aus Vogel- und Moosbeere weckt bei den letzten die Liebe zur heimischen Flora.

Uta Riedel doziert über die Aroniabeere

Auf schmaler Spur

Die Stadt Kirchberg sowie das Rödelbachtal südlich von Zwickau strebten Ende des 19. Jahrhunderts nach einem Anschluss an das Eisenbahnnetz. Zahlreiche Firmen sahen ihre Existenz gefährdet ohne zeitgemäße Logistik, die Menschen wollten Mobilität. Die „Bimmelbahn", Sachsens erste, längste und steilste Schmalspurbahn, wurde schrittweise gebaut, sie verband Wilkau-Haßlau und Carlsfeld. In den 1970er-Jahren stillgelegt, kann heute, dank der Arbeit des Vereins, ein vier Kilometer langes Teilstück zwischen Schönheide und Stützengrün mit historischen Fahrzeugen wieder befahren werden – ein Landschaftserlebnis aus besonderer Perspektive.

Museumsbahn Schönheide e.V.
Am Fuchsstein – Lokschuppen
08304 Schönheide
037755 4303
www.museumsbahn-schoenheide.de

Bereit zur Abfahrt

66 Verwaltungsgeschichte

**Nummern-
schild e.V.**
Grünauer Straße 3
09432 Großolbers-
dorf
037369 87448
www.nummern
schildmuseum.de

Bereits nach 1870 gab es in einigen Orten in Deutschland die ersten Nummernschilder für Fahrräder, um nicht vorschriftsmäßig fahrende Radfahrer zu identifizieren. Seitdem hat sich das Nummernschild an Zwei- und Vierrädern häufig verändert, dessen Entwicklung spiegelt auch die Zeitgeschichte wider. Der ältseste Strafzettel in der Ausstellung stammt vom Beginn des vorigen Jahrhunderts – nicht bekannt ist hingegen, ob man sich schon damals gegen den Vorwurf der Abzocke wehrte und auf die notwendige Verkehrssicherheit hinwies. Ein Verein kümmert sich um die Sammlung und die Ausstellung, die in einem alten Fabrikgebäude Platz gefunden hat.

■ Globale Vielfalt in Blech

Hotel auf Schienen

67

Um Annaberg an das Eisenbahnnetz anzuschließen, baute man die Strecke nach Flöha durchs Zschopautal. Orte wie Wolkenstein bekamen ihren Bahnhof. Heute werden die Gleisanlagen nicht mehr in vollem Umfang benötigt, dennoch bekommen hier Eisenbahnfreunde leuchtende Augen. Angefangen hatte alles mit einem kleinen Imbiss. Heute bietet das Wolkensteiner Zughotel alles, was ein moderner Hotelbetrieb leistet, nur eben im Eisenbahnambiente. Original Mitropa-Schlafwagen dienen zum Übernachten, in den Speisewagen lässt es sich essen wie einst auf Reisen. Eisenbahn-Fans richten hier gern ihre Feierlichkeiten aus – egal ob Verein, Firma oder Familie.

Wolkensteiner Zughotel
Am Bahnsteig 10
09429 Wolkenstein
037369 5821
www.wolkensteiner-zughotel.de

Speisen, schlafen und von Reisen träumen

68 Auch für Mütter und Töchter

Galerie e.o.plauen im Erich-Ohser-Haus
Nobelstraße 7-13
08523 Plauen
03741 2912344
www.e.o.plauen.de

„Ich bin als Sohn geboren und habe mich im Laufe der Jahre zum Vater emporgearbeitet", sagt Kurt Erich Ohser über sich. Der 1903 Geborene entdeckte sein Talent, knüpfte Kontakte zu Zeitungen und veröffentlichte Karikaturen. Für seinen Freund Erich Kästner illustrierte er dessen Lyrikbände. Berühmt wurde er mit seiner Comicreihe „Vater und Sohn", unter dem Pseudonym e.o.plauen veröffentlicht. Ohser wurde mit nur 41 Jahren von den Nazis in den Freitod getrieben. In der Galerie wird eine Auswahl seiner Werke gezeigt, die e.o.plauen-Gesellschaft e.V., die e.o.plauen-Stiftung sowie das Archiv mit Werken des Künstlers haben ihren Sitz hier.

■ Weit über die Grenzen der Stadt hinaus bekannt

Alles im grünen Bereich

69

Die Wurzeln der Brauerei gehen zurück bis ins 15. Jahrhundert, die Betreiber einer abgelegenen Glashütte erhielten das Recht, zur Selbstversorgung Bier herzustellen. Heute kommt aus Wernesgrün eines der beliebtesten Biere der Region. **Schon der gepflegte historische Brauerei-Gutshof ist einen Besuch wert.** Die „Biertenne" ist Schauplatz zahlreicher Veranstaltungen, u.a. von TV-Schunkel-Shows. In der „Schmiede im Saustall" erklingt ab und zu Livemusik, die „Bierschenke" lädt zum Schlemmen. Für Kremserfahrten kann das Traditionsgespann mit dem historischen Schmuckwagen gebucht werden. Nicht nur zum jährlichen Brauereifest ist hier etwas los.

Wernesgrüner Brauerei
Bergstraße 4
08237 Wernesgrün
037462 610
www.wernes
gruener.de

Edles Bier trifft Kultur

70 Schmuckstück am Markt

Restaurant Markt 1
Markt 1
07545 Gera
0365 2174144
www.markt1-gera.de

Bereits 1254 soll in Gera das erste Rathaus gestanden haben, das heutige mit dem prächtigen Portal wurde 1573 bis 1575 im Renaissancestil errichtet. Vom 34 Meter hohen Turm des Gebäudes hat man einen wundervollen Blick über die drittgrößte Stadt Thüringens, die mit ihren zahlreichen Villen im 19. Jahrhundert zu den zehn reichsten Städten Deutschlands gehörte (April bis Oktober samstags/sonntags jeweils 14 bis 17 Uhr). Zurück am Boden: Im Restaurant „Markt 1", dem ehemaligen Ratskeller, wird heute thüringische Küche, aber auch modern interpretierte bürgerliche Küche serviert. Die Geraer nutzen die Lokalität gern zur Ausrichtung ihrer Feiern.

■ Lauschiges Plätzchen inmitten der Stadt

Weithin sichtbares Wahrzeichen

Ein Vierteljahrhundert benötigten die Bauhandwerker von Annaberg für die St. Annenkirche nach der Grundsteinlegung 1499. Die durch den Silberbergbau aufstrebende Stadt erhielt mit dem mächtigen spätgotischen Sakralbau ein markantes Wahrzeichen. Von der Aussichtsplattform des Turmes genießt man einen eindrucksvollen Blick über die Stadt und die Umgebung. Eine Besonderheit: **Wie in alter Zeit verrichtet auch heute ein Türmer sein Amt**, kümmert sich ehrenamtlich um die Glocken und wohnt mit seiner Familie hier oben. Sehenswert im Inneren ist u. a. der Bergaltar mit zeitgenössischen lebendigen, detailreichen Darstellungen des Silberbergbaus.

Evangelisch-Lutherische Kirchgemeinde Annaberg-Buchholz
Kleine Kirchgasse 13
09456 Annaberg-Buchholz
03733 23190
www.kirche-annaberg-buchholz.de

Thront über der Stadt: die St. Annenkirche

72 Felsbesteigung per Treppe

Eduard-von-Winterstein-Theater Annaberg-Buchholz
Servicebüro Buchholzer Straße 65
09465 Annaberg-Buchholz
03733 1407131
www.naturtheater-greifensteine.de

Von den ursprünglich 13 Granitfelsen haben sieben die 1923 eingestellten Steinbrucharbeiten überstanden, der höchste von ihnen ragt mit 731 Metern über Meereshöhe aus den Wäldern heraus und ist einen Aufstieg wert. Mineralogen haben hier eine ungewöhnliche Vielfalt an Gesteinsarten gefunden, Wanderer freuen sich über das gut ausgebaute Wegenetz und Theaterfreunde bekommen leuchtende Augen und schwärmen von den sommerlichen Vorstellungen des Eduard-von-Winterstein-Theaters Annaberg-Buchholz vor der stimmungsvollen Wald- und Felsenkulisse auf der Freilichtbühne. Schade nur, dass die Sommer hier sehr kurz sind.

■ Aussichtsfelsen und Theaterkulisse: die Greifensteine

Würdiger Ratssitz

73

Es ist wohl das Wahrzeichen der Vogtlandstadt, das Alte Rathaus von Plauen. Das Gebäude am Altmarkt mit der kunstvollen Uhr wurde im Laufe der Jahrhunderte mehrfach umgebaut. Im Alten Rathaus werden heute Ehen geschlossen, außerdem informiert ein Museum über die traditionsreiche „Plauener Spitze" und deren Herstellung und im Ratskeller kann man bei „Heinrich's" gut speisen. Für die Verwaltung ist es ohnehin längst zu klein, 1912 begann man mit dem Anbau des Neuen Rathauses. Von dessen 64 Meter hohem Turm überblickt man die Stadt und die Umgebung, vorausgesetzt man schreckt nicht vor den 230 Stufen zurück.

Altes Rathaus Plauen
Altmarkt
08523 Plauen
www.plauen.de

Altes (links) und Neues (rechts dahinter) Rathaus von Plauen

Das Riesenrad an der Autobahn

Sonnenlandpark Lichtenau

Sachsenstraße 6
09244 Lichtenau
037208 883978
www.sonnen-land-park.de

Zuerst überrascht der Anblick: An der A 4 östlich von Chemnitz scheint ein Riesenrad inmitten freier Natur zu stehen. Erst beim Näherkommen wird der Freizeitpark sichtbar. **Der Sonnenlandpark zieht alle Generationen an.** Während die Jüngsten klettern, schaukeln, rutschen, hüpfen, mit dem kleinen Bagger im Sand kreativ werden, Kinder-Quad oder Karussell fahren oder in den Mini-Ruderbooten über den See gleiten, können die Eltern oder Großeltern in Strandkörben relaxen oder in der Grillecke selbst mitgebrachte Spezialitäten zubereiten. Und wenn das Wetter mal nicht so toll ist, gibt es ja auch noch den Indoor-Bereich …

■ Mit dem Wellenflieger durch die Luft

Topas-Felsen im Wald

Heute ist der Schneckenstein bewacht und nur zu bestimmten Zeiten zugänglich. Der 23 Meter hohe Felsen im Vogtland mit einer Höhe von 883 Metern über dem Meeresspiegel ist nicht nur ein beliebter Aussichtspunkt – angesichts der Topas-Vorkommen wäre das Steingebilde von den Hämmern der Hobbymineralogen längst zerstört worden. Im 18. Jahrhundert betrieb man hier den gewerbsmäßigen Abbau der Edelsteine. **Der Felsen war ursprünglich rund dreimal so groß.** Infos rund um das Thema gibt es im „Vogtländisch-Böhmischen Mineralienzentrum", ein Topas-Zimmer dort zeigt Fundstücke aus aller Welt und informiert über das Mineral.

Museumsverein Schneckenstein e.V.
Zum Schneckenstein 44
08262 Muldenhammer
037465 40800
www.schneckenstein.com

Eigentlich ein ganz normaler Felsen

76 Fördertechnik mit 1 PS

Pferdegöpel auf dem Rudolphschacht in Lauta

Lautaer Hauptstraße 12
09496 Marienberg
03735 608968
www.marienberg.de

Eigentlich war die Ära schon zu Ende und der Siegeszug der Dampfmaschine nicht mehr aufzuhalten – dennoch baute man 1838 das Pferdegöpel im Marienberger Ortsteil Lauta. War es Sparzwang oder benötigte man nicht mehr Leistung? **Sicher ist nur, das hölzerne Ungetüm verrichtete knapp vier Jahrzehnte Dienst auf dem Rudolphschacht.** Heute ist die Förderanlage ein Objekt zum Staunen über die technische Ausstattung der damaligen Bergleute. Wenn die Kombination aus einer Pferdestärke und einer ausgeklügelten Mechanik in Bewegung gesetzt wird, lebt ein Stück Erinnerung an die Bergbaugeschichte wieder auf.

■ Es hat funktioniert

Das verschobene Haus

Im Dachgeschoss wurde 1884 Fritz Heckert, der Mitbegründer der KPD geboren – mit dem kleinen Unterschied, dass das Gebäude damals noch unter der Adresse Mühlenstraße 9 stand. **Anfang der 1970er-Jahre musste es der Neugestaltung der City weichen** und wurde ein paar Meter weiter am heutigen Standort nachgebaut. Die den Kommunismus verherrlichende Ausstellung hat man inzwischen entfernt, heute sitzt ein eingetragener Verein „Kunst für Chemnitz" im Haus. Der nicht weniger bedeutenden Kunst des Kochens hat sich ein edles Restaurant, ebenfalls im Haus, verschrieben. Das Gebäude hat also im doppelten Sinne eine bewegte Geschichte.

Heck-Art-Haus
Mühlenstraße 2
09111 Chemnitz
0371 6446766
www.kunst
fuerchemnitz.de

Heck-Art restaurant & cafè
0371 6946818
www.restaurant-heck-art.de

Ort der Künste

78 Sumpf an der Grenze

www.johanngeorgenstadt.de

Ein paar Kilometer westlich von Johanngeorgenstadt an der Grenze zu Tschechien befindet sich an einer Waldlichtung das Hochmoor „Kleiner Kranichsee". Dem Erzgebirgszweigverein sind die Wege aus Holzstegen und die erhöhten Aussichtspunkte zu verdanken, wodurch das feuchte Gelände für Wanderer überhaupt trockenen Fußes erreichbar ist. Die 930 Meter über dem Meeresspiegel gelegene Hochfläche verfügt aufgrund ihrer besonderen Bedingungen über eine einzigartige Tier- und Pflanzenwelt. **Kreuzotter und Bergeidechse kriechen durch Wollgras und Heide**, die schwarze Krähenbeere und die Rauschenbeere sind hier zu bewundern.

■ Den Pfad zu verlassen kann gefährlich sein

Das schwarze Kultgetränk

Schon Goethe und Bismarck waren begeistert von Köstritzer Bieren. Der Dichter soll sich zeitweise von Brot und den verschiedenen Sorten der Brauerei ernährt haben, schon damals wurde nicht nur das Schwarzbier von hier bis nach Berlin und Frankfurt geliefert. Der eiserne Kanzler bekam eine Probe zu Geburtstagen und sparte ebenfalls nicht mit Lob. **Die Wurzeln des Köstritzer Braubetriebes reichen bis ins Jahr 1543**, der heutige Standort wurde 1875 bezogen. Nach Voranmeldung kann man wochentags einen Blick in die Produktionshallen in Bad Köstritz werfen. Das hier erzeugte Schwarzbier ist seit Jahren Marktführer in Deutschland – darauf ein Prost!

Köstritzer Schwarzbierbrauerei
Heinrich Schütz Straße 16
07586 Bad Köstritz
036605 2000
www.koestritzer.de

Von Kennern geschätzt

Kuren wie einst der Adel

08645 Bad Elster
www.badelster.de

In Bad Elster zur Kur zu weilen galt schon immer als chic. Bereits im 16. Jahrhundert wurde in dem Ort im südlichen Vogtland die erste von mehreren Mineralquellen, die Basis für die Trink- und Badekuren, entdeckt. Dank der Torfvorkommen entwickelte sich Elster parallel zu einem Moorheilbad. **Seit 1875 trägt der Ort den Zusatz „Bad", die Zahl der Kurgäste stieg im 19. Jahrhundert beachtlich.** Vom Boom jener Jahre zeugen auch viele Beispiele aus der Architektur, so etwa das im Jugendstil errichtete, den Mittelpunkt des Kurbereiches bildende „König-Albert-Bad". Neben den Heilbehandlungen trägt ein kulturelles Angebot zum seelischen Wohlbefinden bei.

■ Hier sprudelt Heilkraft

Die Fahrrad-Autobahn

81

Radfahren erfreut sich großer Beliebtheit, daher sind in hügeligen Regionen die wenigen ebenen Strecken besonders frequentiert. Gern gefahren wird entlang der Flüsse. **Von Zwickau oder Freiberg dem Verlauf des Muldentalradweges zu folgen ist reizvoll.** Schilder weisen den Weg, die Landschaften wechseln und auch schöne Orte zum Verweilen gibt es an der Strecke genügend. Ein Geheimtipp allerdings ist der Radweg schon längst nicht mehr, gerade im Bereich der Stadt Zwickau war an Schönwetter-Wochenenden auf der Piste am Muldenufer schon öfter ein erhöhtes Verkehrsaufkommen zu beobachten. Wann gibt es den ersten Fahrradstau?

www.muldentalradweg.de

Auch Momente der Stille findet der Radfahrer im Muldental

82 Exotische Genüsse

Viva Mamajoe's
Beckerstraße 15–17
09120 Chemnitz
0371 4640204
www.vivamama
joes.de

Während andere Fabrikhallen aus dem 19. und frühen 20. Jahrhundert inzwischen abgerissen wurden oder verfallen, zog neues Leben in einen Ziegelzweckbau in der Chemnitzer Beckerstraße. Die Sanierung hat das leer stehende Fabrikgebäude zu einem Denkmal der Gründerzeitarchitektur am Fluss Chemnitz verwandelt. **Wo einst im Akkord geschuftet wurde, kann man heute exotisch tafeln.** Die Küche des mexikanischen Restaurants bietet kulinarische Besonderheiten des mittelamerikanischen Landes, und wenn man an schönen Sommerabenden von der Dachterrasse den Blick über die Lichter der Stadt schweifen lässt, kommt sogar ein wenig Urlaubsfeeling auf.

■ Mexikanisches Feeling in sächsischer Architektur

Aha-Erlebnisse

83

Erinnerungen an den Physikunterricht sind für viele nicht gerade mit Glücksgefühlen verbunden, die Formeln schienen oft abstrakt und die Zusammenhänge ließen sich nur schwer nachvollziehen. *Lichtblicke gab es allenfalls in Form von Experimenten, dadurch wurden Dinge erst fassbar.* In der alten Grundschule in Glauchau-Gesau bekommen Vorschüler oder Grundschulklassen auf originelle Art Lust auf Naturwissenschaft gemacht. Staunend stehen die Kids für Sekunden inmitten einer großen Seifenblase oder verfolgen die Bewegung eines Pendels. Ob Sinnestäuschung oder Geschicklichkeitsspielereien – überall blickt man in verblüffte Kindergesichter.

Phaenomenia
Dorfstraße 6
08371 Glauchau/OT Gesau
03763 402805
www.phaenomenia.de

Hier können Kids noch staunen

Das Spielzeugdorf

09548 Seiffen
www.seiffen.de

Besonders zur Adventszeit wird Seiffen von Touristen heimgesucht. Reisebusse haben das Zentrum der Herstellung erzgebirgischer Holzkunst zum Ziel. Weit über 100 Betriebe – vom Kleinhandwerker bis zum Mittelständler mit fast 100 Beschäftigten – bieten ihre traditionellen Erzeugnisse zum Verkauf, traditionell ist auch das Publikum. Große Geldscheine werden über die Ladentische gereicht, Plastiktüten mit filigraner, detailverliebter Holzkunst gehen in die andere Richtung. Und wenn die Busse mit ihren Gästen – vorherrschende Haarfarbe: Silbergrau – den Ort wieder verlassen, spürt man wirklich etwas von der vorweihnachtlichen Besinnlichkeit.

■ Folklore in Holz im gesamten Dorf

Kreative Köpfe

Ende der 1970er-Jahre erhielt auch Chemnitz seine Fußgängerzone. Die ehrgeizigen Pläne von der industriellen Innenstadtbebauung wurden auf ein erträgliches Maß reduziert, der Wohnungsbau in den Plattenvierteln hatte Vorrang. **Die Verantwortlichen entschlossen sich, den noch vorhandenen Altbaubestand am Brühl zu sanieren.** Läden, Restaurants, Sitzgelegenheiten entstanden, dazwischen platzierte man Blumen – die Chemnitzer waren damals begeistert. Aber auch Jahrzehnte später lohnt sich ein Bummel. Wer zum Beispiel die Nase voll hat von Mainstream-Fashion, findet hier exklusives, junges Design. Der Brühl lebt weiter …

Brühl
09111 Chemnitz

Flaniermeile mit kreativen Shops

Renaissance in der Skatstadt

Ratskeller Altenburg
Markt 1
04600 Altenburg
03447 311226
www.ratskeller-altenburg.de

Das Altenburger Rathaus, eines der bedeutendsten Renaissance-Rathäuser Deutschlands, wurde, wie das Geraer auch, von Nikolaus Gromann, Hofbaumeister der ernestinischen Wettiner, entworfen. Tagt nicht gerade der Stadtrat, ist der Ratssaal mit den Deckenmalereien und dem markanten Kamin für Besucher zugänglich. Im 1564 fertiggestellten Gebäude befindet sich der „Ratskeller", eines der ältesten Restaurants der Stadt. **Hier lässt sich nicht nur gut speisen, auch die Architektur ist einen Blick wert.** Die Malereien in der Bauernstube beispielsweise schuf Otto Pech, ein Künstler, der vor allem durch seine Arbeiten rund um das Skatspiel bekannt wurde.

■ Schmuckstück am Markt

Fest mit Tradition

Anfangs glich die KÄT wohl eher einem Wochenmarkt. Seit 1520 findet das größte Volksfest des Erzgebirges an neun Tagen, beginnend mit dem zweiten Samstag nach Pfingsten, statt. Über 100 Schausteller, Fahrgeschäfte und mobile Gastronomen bauen dann ihre Attraktionen am Kätplatz auf. Ein paar Hunderttausend Besucher kommen jährlich. Der heutige Festplatz an der B 95 ist übrigens erst seit 1869 Schauplatz der Veranstaltung, der ursprüngliche Ort, der Platz an der Trinitatiskirche, war dem Ansturm nicht mehr gewachsen. Obwohl kein Event der Superlative, übt die KÄT im Schatten des Pöhlberges für die Erzgebirgler dennoch eine besondere Anziehung aus.

Annaberger KÄT
09456 Annaberg-Buchholz
www.annaberg-buchholz.de

… und nächstes Jahr wieder

Licht ins Dunkel

Lichtelfest am zweiten Adventwochenende
08289 Schneeberg
www.schneeberg.de

Viel Tageslicht haben die Bergleute des Erzgebirges im Winter nicht gesehen. Früh und abends war es dunkel, tagsüber im Schacht sowieso, daher wiesen brennende Kerzen in den Fenstern den Bergmännern den Weg zu ihren Familien. In Schneeberg wird dieser Brauch mit dem „Lichtelfest" lebendig gehalten. **Auch heute noch umrahmen Lichter in den Fenstern den traditionellen Weihnachtsmarkt** zwischen Rathaus und Sankt-Wolfgang-Kirche im Zentrum der alten Bergstadt. Stimmungsvolle Veranstaltungen, wie zum Beispiel eine Bergparade vor der beleuchteten Altstadtkulisse, locken am zweiten Adventswochenende viele, sehr viele Gäste an.

Hier werden Weihnachtsträume lebendig

Mut zu Neuem

Traditionen zu bewahren, die Wurzeln zu respektieren und dennoch neue, den Ansprüchen der Gegenwart gerecht werdende Dinge zu schaffen, das ist oft alles andere als einfach. Gerade in der erzgebirgischen Holzkunst scheinen zeitgemäße, moderne Designs eher die Ausnahme zu sein. Positive Akzente setzt hier die Werkstatt von Björn Köhler in Eppendorf. Der gelernte Drechslermeister beweist, dass sich mit Fantasie, Geschick und Fingerspitzengefühl aus Holz Formen schaffen lassen, die auch den ästhetischen Ansprüchen weniger konservativer Menschen entsprechen. So haben Traditionen die Chance, lebendig zu bleiben.

**Björn Köhler
Kunsthandwerk**

Drechslerwerkstatt
und Holzgestaltung
Goetheweg 2
09575 Eppendorf
037293 70484
www.bjoern-koehler.de

Handwerkliches Geschick trifft Kreativität

90 Vom Vogtland ins Weltall

Deutsche Raumfahrtausstellung Morgenröthe-Rautenkranz e. V.

Bahnhofstraße 4
08262 Morgenröthe-Rautenkranz
037465 2538
www.deutscheraumfahrtausstellung.de

Morgenröthe-Rautenkranz hat nicht einmal 1.000 Einwohner, dennoch kennt es fast jeder. So etwa aus dem Wetterbericht: **Durch seine teilweise extremen Werte ist der Ort TV-Zuschauern bundesweit ein Begriff.** Kirchgänger im lettischen Riga sollten wissen, dass die Glocken ihres Doms hier in einem längst nicht mehr aktiven Betrieb gegossen wurden. Am bekanntesten aber ist der Ort als Geburtsort des ersten Deutschen im All: Sigmund Jähn. Die Ausstellung erinnert an die deutschen Beiträge zur Raumfahrt, aber auch allgemein werden das Leben in der Schwerelosigkeit und die Ergebnisse der Forschungen und deren Nutzen anschaulich dokumentiert.

Ein Ort würdigt seinen großen Sohn

Auf Schienen durch den Park

Hinter dem Bau der Pioniereisenbahnen standen mehrere Gedanken. Schüler – und damit Mitglieder der staatlichen Pionierorganisation in der DDR – sollten so für einen Beruf bei der Eisenbahn oder den anderen Verkehrsmitteln begeistert werden. **Die landschaftlich attraktive Lage der Anlagen, meist in Parks, machte die Schmalspurbahnen aber auch als Ausflugsziel beliebt.** Nach der Wende betrieben Vereine u. a. die Strecken im Geraer Tierpark, dem Chemnitzer Küchwald oder dem Plauener Syratal weiter. Für den Nahverkehr freilich bedeutungslos, werden die heutigen Parkeisenbahnen für Vergnügungsfahrten im Sommerhalbjahr gern genutzt.

www.parkeisenbahn-gera.de
www.parkeisenbahn-chemnitz.de
www.parkeisenbahn-plauen.de

Unter Schatten spendenden Bäumen: die Chemnitzer Parkeisenbahn

92 Flugplatz am Leinawald

Flugwelt Altenburg-Nobitz e.V.
Am Flughafen 3
04603 Nobitz
03447 515033
www.flugwelt-altenburg-nobitz.de

Als die letzten Streitkräfte der inzwischen zerfallenen Sowjetunion Mitte 1992 den Flugplatz verließen, endete die militärische Nutzung der 1913 als „Fliegerstation Nobitz" eröffneten Anlage. In den folgenden Jahren flog zeitweise „Ryanair" planmäßig von hier, Chartergesellschaften versuchten, den „Leipzig-Altenburg-Airport" in ihr Ferienflug-Programm zu integrieren. Allerdings blieben die Passagierzahlen unter den Erwartungen – schwer vorstellbar bei der Bevölkerungsdichte des Einzugsgebietes. Ein liebevoll eingerichtetes Museum zeichnet die wechselvolle Geschichte des Flugplatzes nach, zu bestaunen ist u. a. eine MiG 21-SPS der NVA der DDR.

■ Luftfahrttechnik zum Anfassen in Nobitz

Erzgebirge im Maßstab 1:25

Es soll der älteste Miniaturpark überhaupt sein, bereits um 1910 hat ein Verein für heimatliche Volkskunst mit der modellhaften Darstellung zunächst religiöser Themen begonnen. Später baute man markante Bauwerke aus dem Erzgebirge nach und zeigte die Modelle in einer Ausstellung. Rund 200 Exponate im Maßstab 1:25 beschränken sich nicht nur auf architektonische Darstellungen – eingefügte Menschen- und Tierfiguren, zum Teil mechanisch bewegt, beispielsweise lassen die Szenen lebendig werden. Generationen kennen das „Klein-Erzgebirge" von Sonntagsausflügen, ein Verein kümmert sich um die Erhaltung und weitere Ausgestaltung der Modelle.

Klein-Erzgebirge e.V.
Richard-Wagner-Straße 2 (Anfahrt: Ehrenzug, Parkplatz: Gerichtsstraße)
09569 Oederan
037292 5990
www.klein-erzgebirge.de

Auch Bergbautradition kommt nicht zu kurz

94 Wein im Erzgebirge

Weinhaus und Hotel Vinum
Chemnitzer Straße 29
09399 Niederwürschnitz
037296 931750
www.hotel-vinum.de

Natürlich sind Erzgebirge und Vogtland keine klassischen Weinregionen. Eine Adresse für die Freunde des edlen Getränkes gibt es dennoch: das „Vinum" in Niederwürschnitz. Rund tausend Tropfen aus allen wichtigen Regionen sowie von fast allen Jahrgängen der letzten Jahrzehnte stehen hier für Kenner zum Verkauf. **Der Medoc-Bordeaux-Weinführer zählt das Vinum zu den Top-200-Weinhändlern des Landes.** Im Haus lädt außerdem ein Restaurant zum Schlemmen, ein Hotel zum Übernachten sowie ein Parkgarten zum Entspannen ein. Gelegentlich finden Veranstaltungen, oft Kombinationen von Genüssen aus Küche und Keller und/oder Kleinkunst statt.

Edle Tropfen für Kenner und Genießer

Fantast und Selbstdarsteller

Er war ein Schriftsteller der Superlative, schrieb seine Abenteuergeschichten wie am Fließband und wurde zu einem der meistgelesenen deutschsprachigen Autoren. Das Licht der Welt erblickte Karl May im Jahre 1842 als fünftes von 14 Kindern einer Weberfamilie in ärmlichen Verhältnissen. Ursprünglich wollte er Lehrer werden, doch daraus wurde nichts. Reichlich Fantasie, die eingeschränkte Wahrheitsliebe, die verschwimmenden Grenzen von Realität und Fiktion brachten ihn mehrmals mit dem Gesetz in Konflikt – wirkten sich aber positiv auf die von ihm geschaffene Literatur aus. Ein kleines Museum im Geburtshaus stellt die Kindheit von Karl May nach.

Karl-May-Haus
Karl-May-Straße 54
09337 Hohenstein-Ernstthal
03723 42159
www.karl-may-haus.de

Winnetou im Karl-May-Haus

96 Hoch hinaus

Fichtelberg Schwebebahn
Vierenstraße 10
09484 Oberwiesenthal
037348 12761
www.fichtelberg-ski.de

Sie gilt als das Wahrzeichen von Oberwiesenthal, die älteste Seilschwebebahn Deutschlands. 44 Personen finden in einer Kabine Platz, auf der 1.175 Meter langen Fahrt werden 303 Meter Höhenunterschied in knapp vier Minuten überwunden. Wechselvoll ist die Geschichte der 1924 eröffneten bequemen Möglichkeit, auf den höchsten Berg Sachsens zu gelangen – 1963 beispielsweise beim Brand des Fichtelberghauses diente die Bahn als Transportmittel für die Feuerwehrleute. **Die Betreiber kamen und gingen, Umbauten und Sanierungen verschlangen Unsummen**, doch der Blick während der Fahrt und vom Fichtelberg bleibt atemberaubend.

■ Schon unterwegs hat man eine gute Aussicht

Radio handgemacht

97

Zugegeben, die Musikauswahl ist gewöhnungsbedürftig und erinnert eher an öffentlich-rechtliche Nostalgiewellen als an ein modernes privates Volksradio. Außerdem werden täglich nur vier oder fünf Stunden als Fenster in das sonst sachsenweite Programm von R.SA eingefügt. Doch wo werden regionale Themen aus Sport, Kultur, Politik und Gesundheit noch so umfassend behandelt wie hier? **Wo darf ein Studiogast noch wirklich ausreden und seine Gedanken zu Ende bringen?** Die Radiomacher haben das Mikro immer dort, wo etwas Wichtiges passiert. Die Erzgebirgler honorieren es, die Werbekunden kommen aus sehr vielen Bereichen der regionalen Wirtschaft.

**Radio Erzgebirge
107,7 MHz**

Vierenstraße 11
09484 Oberwiesenthal
037348 8415
www.radioerzgebirge-online.de

Herbert Wilde weiß, was im Erzgebirge los ist

Bäderdreieck

www.karlovyvary.cz

Wer noch nie im böhmischen Teil des Erzgebirges war, kennt auch das Erzgebirge nicht. **In Karlsbad beispielsweise traf man sich schon zu Zeiten des russischen Zaren Peter der Große.** Während der Donaumonarchie florierte der Kurbetrieb, parallel zu den heißen Mineralquellen sprudelten die Gelder der zahlungskräftigen Gäste aus Adel und Gesellschaft in die Stadt. Nach dem Ende des Kommunismus wurde aus der 50.000-Einwohner-Stadt dank finanzintensiver Sanierungsmaßnahmen ein Schmuckstück, während anderswo im Land noch auf den Wohlstand gewartet wird. Spekulationen über die Herkunft der Gelder schließe ich mich nicht an …

■ Perle im böhmischen Erzgebirge: Karlsbad

„Heute billig"

99

Jeder der vorwiegend vietnamesischen Händler versucht die Besucher auf sein Angebot aufmerksam zu machen, mal dezent, mal deutlicher. Die Stange Zigaretten oder das neue Paar Schuhe, die Winterjacke oder das Trend-Gadget wechseln hier den Besitzer. Man hat dazugelernt in Potučky (Breitenbach), dem Ort hinter dem Grenzübergang in Johanngeorgenstadt, vieles, aber nicht alles ist Ramsch, was hier angeboten wird. Inwieweit Gesetze eingehalten werden, möchte, so hat man den Eindruck, niemand so genau wissen. Es macht Spaß, zu handeln oder einfach nur bei einem guten und preiswerten Essen in einem der Restaurants am Platz das Treiben zu beobachten.

Asia-Markt
Cz-Potučky

Nicht alles gut, aber alles billig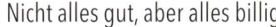

Göran Seyfarth, 1965 in Zwickau geboren, arbeitet in einer Druckerei und ärgert sich über manche oberflächlichen und unvollständigen Reiseführer. Also stellte er für die Gäste seiner Heimatregion in diesem Buch die besonderen Dinge zusammen.

Andrea Böhme, Jahrgang 1963, arbeitet als Meisterin ihres Faches im heimischen Fotostudio in Annaberg-Buchholz und setzt neben Hochzeitspaaren auch Landschafts- und Naturmotive künstlerisch in Szene.

Der Verlag und der Autor freuen sich über Ihre Hinweise:
info@mitteldeutscherverlag.de

Haftungsausschluss
Die Angaben in diesem Reiseführer wurden gewissenhaft überprüft. Für die Aktualität, Korrektheit und Vollständigkeit übernimmt der Autor keine Haftung. Der Autor distanziert sich aus rechtlichen Gründen von allen Inhalten der aufgeführten Internetseiten. Auf aktuelle und zukünftige Gestaltung, die Inhalte oder Urheberschaft der angeführten Internetseiten hat der Autor keinen Einfluss.

Fotografien: Andrea Böhme, außer Bild 11/2 („Fettnäppchen" Gera), 12/1 (Teigwaren Riesa), 26/2 (Jens Kugler), 32/1 (Miniwelt Lichtenstein), 55/1 (Malzhaus Plauen), 56/1 (Wolfgang Uhlig), 58/1 (Globus Zwickau), 59/1 (Kids-Arena Marienberg), 60/1 (Schoko-Ballon), 74/1 (Sonnenlandpark Lichtenau)

2015
© mdv Mitteldeutscher Verlag GmbH, Halle (Saale)
www.mitteldeutscherverlag.de

Alle Rechte vorbehalten.

Gesamtherstellung: Mitteldeutscher Verlag, Halle (Saale)

ISBN 978-3-95462-454-6

Printed in the EU